Gregor Bachmann
Das Europäische Insiderhandelsverbot

Schriftenreihe
der
Juristischen Gesellschaft zu Berlin

Heft 192

Das Europäische Insiderhandelsverbot

von
Gregor Bachmann

Erweiterte und aktualisierte Fassung eines Vortrages,
gehalten am 20. Juni 2012
vor der Juristischen Gesellschaft zu Berlin

De Gruyter

Dr. *Gregor Bachmann*, LL.M. (Michigan)
Professor an der Freien Universität Berlin

ISBN 978-3-11-042524-6
e-ISBN (PDF) 978-3-11-028263-4
e-ISBN (EPUB) 978-3-11-042003-6

Bibliografische Information der Deutschen Nationalbibliothek
Die Deutsche Nationalbibliothek verzeichnet diese Publikation
in der Deutschen Nationalbibliografie;
detaillierte bibliografische Daten sind im Internet
über http://dnb.d-nb.de abrufbar.

© 2015 Walter de Gruyter GmbH, Berlin/München/Boston
Datenkonvertierung/Satz: Johanna Boy, Brennberg
Druck: Hubert & Co. GmbH & Co. KG, Göttingen
♾ Gedruckt auf säurefreiem Papier
Printed in Germany

www.degruyter.com

Übersicht

Vorwort

Am 2. Juli 2014 ist die Marktmissbrauchsverordnung (Verordnung (EU) Nr. 596/2014) in Kraft getreten. Sie enthält – neben dem namengebenden Marktmissbrauchsverbot – das Verbot von Insidergeschäften auf dem europäischen Kapitalmarkt. Damit erreicht das europäische Insiderrecht, das bislang lediglich in einer Richtlinie verankert war, eine neue Stufe. Zugleich hat ein langwieriges Gesetzgebungsverfahren sein Ende gefunden, das im Herbst 2011 mit der Vorstellung des Verordnungsentwurfs durch die Kommission begonnen hatte. Dieser Entwurf gab den Anstoß für den nachfolgenden Vortrag, welchen ich auf Einladung der Juristischen Gesellschaft zu Berlin am 20. Juni 2012 im Kammergericht halten durfte.

Die Veröffentlichung des Vortrags verzögerte sich, weil die ursprünglich noch für 2012 vorgesehene Verabschiedung der Verordnung sich hinzuschob. Denn trotz grundsätzlicher Einigkeit, Insidergeschäfte in der Union effektiver zu unterbinden, bestanden in den einzelnen Mitgliedstaaten unterschiedliche Vorstellungen über die genaue Ausgestaltung des Verbots. So wurden im Laufe des Brüsseler Gesetzgebungsverfahrens immer neue Änderungsvorschläge auf den Tisch gelegt. Am Ende einigte man sich in kritischen Punkten darauf, die Leitaussagen der bisherigen EuGH-Judikatur in den Verordnungstext zu übernehmen. Diese bilden damit einen wichtigen Fixpunkt im neuen europäischen Insiderrecht. Ihre Exegese steht auch im Zentrum des Vortrags, dem es weniger um die technischen Details als um die Grundstruktur des europäischen Insiderhandelsverbots geht. Nur wer diese versteht, wird dessen vielfältige Einzelfragen in den Griff bekommen.

Für die Drucklegung wurde der Vortragstext noch einmal gründlich überarbeitet. Er befindet sich nun auf dem Stand August 2014. Bis dahin veröffentlichte Literatur und Rechtsprechung wurden, soweit mir zugänglich, verwertet.

Berlin, im Herbst 2014   Gregor Bachmann

I. Einleitung

Im Zuge der Finanzkrise erschütterten verschiedene Insiderskandale die Öffentlichkeit. Unter den besonders prominenten Fällen befand sich derjenige des US-amerikanischen McKinsey-Geschäftsführers *Rajat Gupta*, der im Verwaltungsrat der Investmentbank Goldman Sachs saß.[1] Dort erfuhr er u.a. davon, dass der berühmte Investor Warren Buffet der angeschlagenen Bank mit einer Finanzspritze von 5 Milliarden US-Dollar unter die Arme greifen wollte. *Gupta* gab diese vertrauliche Information an den Hedgefonds-Manager *Raj Rajaratnam* weiter, der daraufhin in großem Stile Aktien der Bank erwarb und dadurch einen Gewinn von knapp einer Million Dollar erzielte. Später informierte *Gupta* seinen Partner über einen drohenden Quartalsverlust von Goldman Sachs, der den Märkten zu diesem Zeitpunkt noch nicht bekannt war. *Rajaratnam* verkaufte daraufhin rasch alle Goldman-Aktien und vermied dadurch herbe Verluste, denn nach Bekanntwerden der Zahlen brach der Kurs von Goldman Sachs wie erwartet ein.

Sowohl *Gupta* als auch *Rajaratnam* wurden von US-amerikanischen Gerichten des Insiderhandels für schuldig befunden und zu empfindlichen Freiheitsstrafen sowie zu einer erheblichen Strafschadenszahlung verurteilt. Ähnliche Sanktionen, wenngleich in geringerem Ausmaß, hätten ihnen in Deutschland gedroht, denn in der Europäischen Union ist Insiderhandel seit langem untersagt, und die Taten der beiden stellten geradezu Bilderbuchverstöße gegen dieses Verbot dar.[2] Ob das Ausnutzen von Insidervorteilen am Finanzmarkt strafwürdig ist, ist zwar unter

---

[1] Zum Folgenden *Kuls* in: FAZ v. 17.6.2012. Weitere aufsehenerregende Fälle der neueren Zeit sind der Verkauf von EADS-Aktien durch Manager und Mitarbeiter, bevor erhebliche Lieferverzögerungen bei der Auslieferung des neuen Airbus 380 bekannt gegeben wurden (BörsZ v. 3.12.2013), der massive Aufkauf von Benetton-Aktien kurz vor Bekanntwerden eines Übernahmeangebots, von dem nur die Familie und die beteiligten Banken wussten (BörsZ v. 3.2.2012), sowie der Verkauf von Aktien der Pharmahersteller Elan und Wyeth aufgrund des Insider-Tipps, dass die Testreihe für das von diesen entwickelte Alzheimer-Medikament negativ verlaufen sei (BörsZ v. 23.11.2012). Im letztgenannten Fall wurde der verantwortliche Hedge-Fonds-Manager zu einer Haftstrafe von neun Jahren und einer Geldstrafe von 9,3 Mill. US-Dollar verurteilt (BörsZ v. 10.9.2014, S. 12).

[2] Für einen prominenten deutschen Fall s. BGH NJW 2010, 882 – Freenet: Strafbarer Insiderhandel bei Aktienveräußerung durch Vorstandsmitglieder in Kenntnis eines noch nicht veröffentlichten, erheblichen Umsatz- und Gewinnrückgangs. Ferner EGMR NZG 2012, 1229: Ausnutzung geheimer Übernahmepläne zur Erzielung von Insidergewinnen (Fall *George Soros*).

Wirtschaftswissenschaftlern umstritten.[3] Rechtspolitisch haben sich die dagegen erhobenen Bedenken jedoch nicht durchgesetzt, denn das (straf-bewehrte) europäische Insiderhandelsverbot ist seit seiner erstmaligen Verankerung vor 25 Jahren (1989) kontinuierlich gefestigt und immer weiter ausgebaut worden.

Vorläufiger Höhepunkt der Entwicklung ist die Aufwertung des bisher nur in einer Richtlinie enthaltenen Tatbestands zu einem unmittelbar in der gesamten EU geltenden Insiderhandelsverbot in Gestalt der neuen *Marktmissbrauchsverordnung* (*Market Abuse Regulation* – nachfolgend: MAR). Sie nimmt die Vorgängerregelungen ebenso wie die dazu er-gangene Rechtsprechung des EuGH in sich auf, die freilich nicht ohne Kritik geblieben ist. Wer Grund und Grenzen des europäischen Insider-handelsrechts verstehen will, kommt daher nicht umhin, sich der Genese des Tatbestands und der einschlägigen EuGH-Judikate zu vergewissern und dabei die tragenden Elemente des Verbots herauszuschälen. Dieser Herausforderung möchte ich mich hier stellen und damit zugleich einen Beitrag zur dogmatischen Festigung des europäischen Kapitalmarktrechts leisten.

II. Struktur und Genese des europäischen Insiderhandelsverbots

1. Das Verbot im Überblick

Der europäische Insidertatbestand beinhaltet drei verbotene Verhaltens-weisen. Das erste und eigentliche Verbot besteht darin, demjenigen, der über eine *Insiderinformation* verfügt, die *Nutzung* derselben im Wege des Erwerbs oder der Veräußerung von Finanzinstrumenten zu untersagen.[4] Zentrale Tatbestandsmerkmale sind damit das Vorliegen einer „Insiderin-formation" und die „Nutzung" derselben. Das dergestalt umrissene Han-delsverbot wird durch zwei ergänzende Tatbestände abgesichert. Der eine

---

[3] Klassische Kritik bei *Manne*, Insider Trading and the Stock Market, 1966; fortgeführt u.a. von *Carlton/Fischel*, 35 Stanford L.R. 857 (1983), auszugsweise abgedruckt in *Romano*, Corporate Law, 2nd Ed. 2010, S. 650 ff.; knappe deutsch-sprachige Darstellung bei *Fleischer*, Informationsasymmetrie im Vertragsrecht, 2001, S. 189 f.; aus der deutschen Wirtschaftswissenschaft nur *D. Schneider*, DB 1993, 1429 ff.

[4] Art. 14 a) MAR iVm Art. 8 Abs. 1 MAR.

verbietet Insidern die unbefugte *Weitergabe* von Insiderinformationen.[5] Er basiert auf der durch Erfahrung erhärteten Einsicht, dass jede Erweiterung des Insiderkreises das Risiko unerlaubter Insidergeschäfte unweigerlich erhöht.[6] Der andere soll die ersten beiden Tatbestände gegen Umgehungen absichern, indem er Insidern untersagt, anderen auf der Grundlage von Insiderinformationen den Kauf oder Verkauf von Finanzinstrumenten zu *empfehlen* oder sie dazu zu *verleiten*.[7]

Um den Nährboden für Insidergeschäfte weiter auszutrocknen, werden Emittenten verpflichtet, Insiderinformationen, welche sie unmittelbar betreffen, unverzüglich zu veröffentlichen (sog. Ad-hoc-Publizität).[8] Geschieht dies, verliert die Information ihren Charakter als Insiderinformation und Insidergeschäfte sind damit denknotwendig ausgeschlossen.[9] Schließlich wird das Insiderverbot durch einen Kranz aufsichtsrechtlicher Vorkehrungen umhegt, die der Prävention und der Aufdeckung von Verstößen dienen sollen, wie etwa die Führung von Insiderlisten (Art. 18 MAR), die Meldung von Organgeschäften (Art. 19 MAR) und das absolute Handelsverbot für Führungskräfte vor Bekanntgabe von Finanzkennzahlen.[10] Ergänzt werden diese Instrumente durch Straf- und Bußgeldtatbestände, die von den Mitgliedstaaten zwecks Sanktionierung der europäischen Vorgaben aufgestellt wurden.

2. Die historische Entwicklung des Verbots

a) Die Einführung des Insiderhandelsverbots (1989)

Das europäische Insiderrecht hat eine Vorgeschichte, die hier nicht im Detail beschrieben werden kann.[11] Nachdem die meisten EU-

---

[5] Art. 14 b) MAR iVm Art. 10 MAR.

[6] EuGH (Große Kammer) Urt. v. 22.11.2005 – C-384/02 (*Knud Grøngaard, Allan Bang*) = NJW 2006, 133 Rn. 36.

[7] Art. 14 c) MAR iVm Art. 8 Abs. 2 MAR.

[8] Art. 17 MAR.

[9] Diese Regulierungstaktik zwingt Emittenten dazu, sensible Fakten frühzeitig auf den Tisch zu legen. Abhilfe schafft hier die Möglichkeit, die Veröffentlichung bei „berechtigtem Interesse" auf eigene Verantwortung aufzuschieben (sog. Selbstbefreiung), s. Art. 17 Abs. 4 MAR. Eingehend dazu jetzt *Klöhn*, ZHR 178 (2014) 55-97.

[10] Vgl. Art. 19 Abs. 11 MAR. Kritisch dazu *Veil*, ZBB/JBB 2014, 85, 96 („nicht erforderlich").

[11] Dazu nur *Mennicke* in: Fuchs (Hrsg.) Wertpapierhandelsgesetz (WpHG) 2009, Vor § 12 bis § 14 Rn. 1 ff.

Mitgliedstaaten sich noch bis in die achtziger Jahre gegen eine gesetzliche Regelung gesperrt und stattdessen auf wenig effektive Selbstregulierung gesetzt hatten, war es der Beitritt Großbritanniens in die EG, der den entscheidenden Anschub gab. Nach längeren Geburtswehen trat das europäische Insiderhandelsverbot erstmals 1989 in Gestalt der *Insiderrichtlinie* (nachfolgend: IR) in Kraft. Die IR definierte eine Insiderinformation als „nicht öffentlich bekannte präzise Information, die einen oder mehrere Emittenten von Wertpapieren oder ein oder mehrere Wertpapiere betrifft und die, wenn sie öffentlich bekannt würde, geeignet wäre, den Kurs dieses Wertpapiers oder dieser Wertpapiere zu beeinflussen" (Art. 1 Nr. 1 IR). Diese Definition ist bis heute praktisch unverändert geblieben. Hinsichtlich der verbotenen Verhaltensweisen wurde zwischen zwei Gruppen von Insidern unterschieden:

Sog. Primärinsidern, d.h. Personen, die dem Emittenten besonders nahe stehen (Vorstände, Beschäftigte), war es untersagt, *„unter Ausnutzung"* einer Insiderinformation und *„in Kenntnis der Sache"* die betroffenen Wertpapiere zu erwerben oder zu veräußern (Art. 2 IR). Ferner durften sie die Information nicht an einen Dritten weitergeben oder einem Dritten den Erwerb oder die Veräußerung der betreffenden Papiere empfehlen (Art. 3 IR). Die Weitergabe war ausnahmsweise erlaubt, wenn die Person dabei „in einem normalen Rahmen in Ausübung ihrer Arbeit oder ihres Berufes oder in Erfüllung ihrer Aufgaben" agierte. Sekundärinsidern untersagte die Richtlinie den Erwerb oder die Veräußerung in „Kenntnis der Sache", wenn die Insiderinformation nur von einem Primärinsider stammen konnte. Den Mitgliedstaaten wurde frei gestellt, auch Sekundärinsider dem weitergehenden Verbot für Primärinsider zu unterwerfen (Art. 4 IR). In allen Fällen waren hinreichend effektive Sanktionen vorzusehen (Art. 13 IR).

Schon die Insiderrichtlinie enthielt Ausnahmen vom Handelsverbot, die sich allerdings nicht aus dem Richtlinientext selbst, sondern aus den Erwägungsgründen ergaben. Insbesondere Geschäfte von Personen, die nicht im eigenen Interesse an der Börse handeln, sondern nur Kundenaufträge ausführen oder als sog. *Market Maker* für Liquidität sorgen, sollten nicht per se als Ausnutzen von Insiderinformationen gelten.[12] Gleiches wurde für die Umsetzung der eigenen Entscheidung, Wertpapiere zu veräußern oder zu erwerben, sowie für Kursstabilisierungsmaßnahmen nach einer Neuemission angenommen.[13] Auch Geschäfte, die auf der

---

[12] Erwägungsgrund 12 Satz 1 IR.
[13] Erwägungsgrund 11 und 12 Satz 2 IR.

Auswertung öffentlich zugänglicher Angaben beruhten, waren keine Insidergeschäfte.[14]

Der deutsche Gesetzgeber setzte die Richtlinie in dem u.a. zu diesem Zweck 1994 neu geschaffenen *Wertpapierhandelsgesetz* (WpHG) um, wobei er sich eng an deren Vorgaben anlehnte. § 13 WpHG a.F. enthielt die Definition des Primärinsiders sowie diejenige der Insiderinformation, während § 14 WpHG a.F. die verbotenen Verhaltensweisen beschrieb. Dabei machte Deutschland von der den Mitgliedstaaten eingeräumten Option Gebrauch, Sekundärinsider lediglich dem Handelsverbot, nicht aber dem Weitergabe- und Empfehlungsverbot zu unterwerfen. Dem Sanktionsauftrag der Richtlinie folgend bedrohte das WpHG den vorsätzlichen Verstoß gegen § 14 WpHG a.F. mit Strafe (§ 38 WpHG a.F.).

b) Die Erweiterung durch die Marktmissbrauchsrichtlinie (2003)

Veränderte technische und wirtschaftliche Rahmenbedingungen zu Beginn des neuen Jahrhunderts schufen nach Ansicht des europäischen Gesetzgebers zunehmend Anreize, Mittel und Gelegenheiten zum Marktmissbrauch.[15] Dies veranlasste ihn, manipulatives Verhalten auf europäischen Kapitalmärkten umfassender zu regulieren. Die zu diesem Zweck 2003 verabschiedete, die Insiderrichtlinie ablösende Marktmissbrauchsrichtlinie (*Market Abuse Directive* – nachfolgend: MAD) nahm das Insiderhandelsverbot in sich auf und stellte ihm als zweiten Zentraltatbestand das Verbot der Marktmanipulation an die Seite. Zugleich wurde der Insidertatbestand präzisiert und ausgebaut, um so „Lücken zu schließen, die zu rechtswidrigem Handeln ausgenutzt werden können".[16]

Im Einzelnen wurde der Kreis der betroffenen Wertpapiere (jetzt: „Finanzinstrumente")[17] sowie derjenige der Primärinsider[18] erweitert; ferner wurden in den Kreis der Insiderinformationen solche Daten einbezogen, welche den Emittenten nur indirekt betreffen. Eine Durchführungsrichtlinie stellte klar, dass auch zukünftige Umstände Insiderinformationen sein können und präzisierte die Definition der

---

[14] Erwägungsgrund 13 IR.

[15] Erwägungsgrund 10 der Richtlinie 2003/6/EG des Europäischen Parlaments und des Rates vom 28. Januar 2003 über Insider-Geschäfte und Marktmanipulation (Marktmissbrauch).

[16] Ebd.

[17] Erfasst wurden insbesondere Derivate, vgl. im Einzelnen Art. 1 Nr. 3 MAD.

[18] Hierzu rechnen jetzt auch solche mit kriminell erworbenem Insiderwissen (sog. Kriminal-Insider).

Kurserheblichkeit, für die der Maßstab des „verständigen Anlegers" festgelegt wurde.[19] Ferner unterwarf die MAD den versuchten Insiderhandel dem Verbot (vgl. Art. 2 Abs. 1 MAD), erweiterte das Empfehlungsverbot um ein Verleitungsverbot und machte die Option, das Weitergabe- und Empfehlungsverbot auf Sekundärinsider zu erstrecken, zur Pflicht (Art. 3 MAD). Die Freiheit der Mitgliedstaaten in der Sanktionswahl wurde dadurch eingeschränkt, dass jetzt in jedem Fall verwaltungsrechtliche Sanktionen vorzusehen waren (Art. 14 MAD).

Neben diesen Änderungen blieb der zentrale Verbotstatbestand im Kern unangetastet. Eher unscheinbar geriet dabei eine verbale Verkürzung, deren Tragweite sich erst später zeigen sollte: Für verbotene Geschäfte von Primärinsidern war nicht länger ein „Ausnutzen in Kenntnis der Sache", sondern nur noch die „Nutzung" der Insiderinformation erforderlich. Subjektive Elemente wurden damit eliminiert. Sie blieben nur für Sekundärinsider vonnöten, die sich erst dann verbotswidrig verhalten, wenn sie „wussten oder hätten wissen müssen", dass es sich bei der von ihnen verwendeten oder weitergegebenen Information um eine Insiderinformation handelt. Den Ausnahmen vom Handelsverbot wurden zwei weitere hinzugefügt: Erfüllungsgeschäfte sollten legal bleiben, wenn das zugrunde liegende Verpflichtungsgeschäft selbst kein Insidergeschäft war (Art. 2 Abs. 3 MAD). Ferner sollte die Verwendung von Insiderinformationen im Rahmen eines Übernahmeangebots oder eines Zusammenschlusses nicht als Insidergeschäft gelten.[20]

Der deutsche Gesetzgeber vollzog all diese Änderungen mit dem „*Anlegerschutzverbesserungsgesetz* (AnSchVG)" von 2004, wodurch die einschlägigen WpHG-Tatbestände indes unübersichtlicher gerieten. Differenzierter gestaltet sich seither nicht nur die Tatbestands- sondern auch die Sanktionsseite. Erwerb und Veräußerung von Insiderpapieren sind nunmehr stets – d.h. für jedermann und auch bei Leichtfertigkeit oder als Versuch – strafbar.[21] Der Verstoß gegen das Weitergabe- und Empfehlungsverbot bleibt dagegen nur für Primärinsider, und auch für

---

[19] Art. 1 der Richtlinie 2003/124/EG der Kommission vom 22. Dezember 2012 zur Durchführung der Richtlinie 2003/6/EG des Europäischen Parlaments und des Rates betreffend die Begriffsbestimmung und die Veröffentlichung von Insider-Informationen und die Begriffsbestimmung der Marktmanipulation.

[20] Erwägungsgrund. 29 MAD.

[21] Vgl. § 38 Abs. 1 Nr. 1, Abs. 3, Abs. 4 WpHG. Der Strafrahmen beträgt bis zu fünf Jahren (bei Vorsatz) bzw. einem Jahr (bei Leichtfertigkeit) Freiheitsstrafe. Zur rechtspolitischen Kritik an der Versuchsstrafbarkeit s. *Vogel* in: Assmann/Schneider (Hrsg.) WpHG, 6. Aufl. 2012, § 38 Rn. 42; ausführlich *Gehrmann*, Das versuchte Insiderdelikt, 2009, S. 225 ff.

diese nur bei vorsätzlichem Handeln, eine Straftat,[22] im Übrigen – also für Sekundärinsider und/oder bei bloßer Leichtfertigkeit – handelt es sich um eine Ordnungswidrigkeit.[23]

c) Die Neufassung durch die Marktmissbrauchsverordnung (2014)

Kaum hatte sich die Praxis an die Neuerungen der MAD gewöhnt, sah sich der europäische Gesetzgeber durch die rasante Weiterentwicklung der Finanzmärkte erneut zum Handeln genötigt. Um der zunehmenden Vernetzung der Kapitalmärkte Rechnung zu tragen, sollte das Insiderrecht nun in die Gestalt einer in allen Mitgliedstaaten unmittelbar geltenden Verordnung gekleidet werden.[24] Zu diesem Zweck legte die Kommission im Herbst 2011 den Vorschlag einer „Verordnung über Insider-Geschäfte und Marktmanipulation (Marktmissbrauchsverordnung)" vor.[25] Nach langen und mühsamen Verhandlungen, in denen der Kommissionstext immer wieder überarbeitet wurde, gelang schließlich im September 2013 die politische Einigung.[26] Die nach ihrer englischen Abkürzung meist nur MAR genannte Verordnung ist am 2. Juli 2014 in Kraft getreten.[27] Mit Ablauf einer zweijährigen Übergangsfrist wird sie ab dem 3. Juli 2016 unmittelbar in allen Mitgliedstaaten gelten und ab diesem Tag die alte MAD nebst den nationalen Umsetzungsnormen ersetzen.

---

[22] Vgl. § 38 Abs. 1 Nr. 2 WpHG.

[23] Vgl. § 39 Abs. 2 Nr. 3 u. 4 WpHG. Die Geldbuße kann bis zu 200.000 EURO betragen (§ 38 Abs. 4 WpHG).

[24] Für Verordnungslösung schon *Mennicke*, Sanktionen gegen Insiderhandel, 1996, S. 183; seither *Bachmann*, ZHR 172 (2008) 597, 633 (unter Hinweis auf die bei der Umsetzung der Richtlinie zutage getretenen Verwerfungen). Näher zu den Divergenzen die im Auftrag des BMF von Allen & Overy erstellte rechtsvergleichende Studie „Insiderrecht und Ad-hoc-Publizität in Europa" (2012) nebst Begleitaufsatz von *Krause/Brellochs*, AG 2013, 309 ff.; ferner *Veil* in: Veil (Hrsg.) Europäisches Kapitalmarktrecht, 2. Aufl. 2014, § 13 Rn. 15 ff.

[25] Vorschlag für eine Verordnung des Europäischen Parlaments und des Rates über Insider-Geschäfte und Markmanipulation (Marktmissbrauch) v. 20.10.2011, KOM(2011) 651 endgültig; dazu *Veil/Koch*, WM 2011, 2297; *Merkner/Sustmann*, AG 2012, 315; *Teigelack*, BB 2012, 1361 ff.; *Viciano-Gofferje/Cascante*, NZG 2012, 968 ff.

[26] Dazu *Kiesewetter/Parmentier*, BB 2013, 2371 ff.; zum vorangegangenen Verhandlungsprozess *Parmentier*, BKR 2013, 133 ff.

[27] Verordnung (EU) Nr. 596/2014 des Europäischen Parlaments und des Rates vom 16. April 2014 über Marktmissbrauch (Marktmissbrauchsverordnung) und zur Aufhebung der Richtlinie 2003/6/EG des Europäischen Parlaments und des Rates und der Richtlinien 2003/124/EG, 2003/125/EG und 2004/72/EG der Kommission, ABl. L 173/1 v. 12.6.2014. Überblicksartige Darstellung bei *Seibt/Wollenschläger*, AG 2014, 593 ff.

Die MAR weitet den Anwendungsbereich des Insiderhandelsverbots nochmals aus,[28] lässt den aus der MAD übernommenen Tatbestand aber im Kern unverändert.[29] Wie bisher bleibt also die Verwendung einer Insiderinformation verboten, wobei es für Primärinsider weiterhin nur auf die „Nutzung", nicht auf die Kenntnis des Insidercharakters der Information ankommt. Innerhalb eines Zeitfensters von 30 Tagen vor der Veröffentlichung des Jahresabschlusses oder des Zwischenberichts ist Führungskräften ohne Rücksicht darauf, ob sie über Insiderinformationen verfügen, jeglicher Handel mit Papieren ihrer Gesellschaft verboten (absolutes Handelsverbot).[30]

Erhalten bleiben die Ausnahmen vom Insiderhandelsverbot, die dadurch aufgewertet werden, dass sie aus den Erwägungsgründen in einen eigenen Artikel („Legitime Handlungen", Art. 9 MAR) übernommen wurden. Die MAR stellt dabei ausdrücklich klar, dass die Ausnahme für Übernahmeangebote nicht das sog. *stakebuilding*, also das schrittweise Anschleichen unterhalb der Kontrollschwelle, umfasst.[31] Außerdem werden die Ausnahmetatbestände durch eine Generalklausel begrenzt, wonach sich derjenigen nicht auf sie berufen kann, der nach den Feststellungen der Aufsichtsbehörde durch „rechtswidrige Gründe" getrieben wurde.[32] Schließlich nimmt die MAR Leitsätze von EuGH-Urteilen in ihre Erwägungsgründe auf, in denen dieser den Zweck des Insiderhandelsverbots umrissen und daraus Folgerungen für die Auslegung des Verbotstatbestandes gezogen hatte.[33] Die noch darzustellenden Urteile und ihre Interpretation bleiben damit für das neue Insiderrecht von zentraler Bedeutung.

---

[28] Einbezogen werden namentlich der Handel auf multilateralen oder organisierten Handelssystemen (MTF bzw. OTF) sowie moderne Derivatformen (z.B. CDOs), Emissionszertifikate und Waren-Spot-Kontrakte, vgl. im Einzelnen Art. 2 MAR. Der Insiderhandel mit Energiegroßhandelsprodukten (Strombörsen) wird separat in der Verordnung über die Integrität und Transparenz des Energiegroßhandelsmarktes (REMIT) geregelt, die im Wesentlichen die Tatbestände der MAR kopiert.

[29] Zu den verbotenen Handlungen gehören nunmehr auch das Stornieren oder Ändern einer erteilten Order, s. Art. 8 Abs. 1 Satz 2 MAR. Ferner wird die Definition der Insidergeschäfte (Art. 8 MAR) redaktionell vom Verbot derselben (Art. 14 MAR) getrennt.

[30] Art. 19 Abs. 11 MAR.

[31] Art. 9 Abs. 4 Satz 2 MAR.

[32] Art. 9 Abs. 6 MAR. Kritisch zu dieser Generalklausel *Veil*, ZBB/JBB 2014, 85, 92: „Konzeptionell zweifelhaft und tatbestandlich misslungen".

[33] Näher dazu unten bei Fn. 86, 87 und 114. Vgl. insbes. Erwägungsgrund 16 (*Geltl*-Urteil) und Erwägungsgrund 24 (*Spector*-Urteil).

Da es sich bei der Verordnung um einen unmittelbar anwendbaren Rechtsakt handelt, werden die §§ 12 ff. WpHG mit dem 3. Juli 2016 obsolet. Umsetzungsbedarf besteht nur, soweit die Verordnung diesen ausdrücklich vorgibt, namentlich also mit Blick auf die Sanktionen. Diese werden nunmehr präziser vorgegeben. Insbesondere sind die Mitgliedstaaten zur Aufstellung *strafrechtlicher* Tatbestände verpflichtet, deren Rahmenbedingungen eine begleitende Richtlinie (MAD-Crim.) regelt.[34]

3. Zentralfragen des europäischen Insiderhandelsverbots

a) Eingrenzung verbotener Geschäfte

So sehr man sich heute in der EU über das Bedürfnis nach einem europäischen Insiderhandelsverbot einig ist, so sehr bereitet seine Anwendung Probleme. Diese rühren aus der Weite des Tatbestands, die dazu führt, dass nicht nur *„plain vanilla"*-Fälle – d.h. solche eindeutig strafwürdigen Verhaltens – in sein Raster geraten, sondern auch allerlei Transaktionen, die ebenso etabliert wie unverdächtig sind. Seit jeher kreist ein Großteil der literarischen Debatte daher um die Frage, wann und wie bestimmte M&A-Praktiken – etwa der Erwerb von Aktien nach Durchführung einer *due diligence*-Prüfung – gegen den Zugriff des Insiderhandelsverbots immunisiert sind.[35]

Der europäische Gesetzgeber versucht zur Lösung dieser Frage beizutragen, indem er die oben geschilderten Ausnahmetatbestände etabliert hat. Weil diese ihrerseits auslegungsbedürftig sind, können dadurch aber nicht sämtliche Probleme beseitigt werden. Der an der Legalisierung seiner Praxis Interessierte kann hier an zwei Punkten ansetzen: Er kann entweder versuchen, die Ausnahmetatbestände extensiv zu interpretieren und so unter deren Schirm zu schlüpfen, oder, umgekehrt, doch mit gleichem Ziel, den Verbotstatbestand restriktiv deuten und ihm auf diese Weise entgehen. In allen Fällen wird er mit dem Problem konfrontiert,

---

[34] Richtlinie 2014/57/EU des Europäischen Parlaments und des Rates vom 16. April über strafrechtliche Sanktionen bei Marktmanipulation (Marktmissbrauchsrichtlinie).

[35] Vgl. dazu den Disput von *Bachmann* und *Assmann* auf dem ZHR-Symposion „Kapitalmarktrecht und Zusammenschlüsse", abgedrukt in ZHR 172 (2008) 597 ff., 635 ff. Aus Sicht der Transaktionspraxis *Cascante/Topf*, AG 2009, 53 ff.; *Meyer/Kiesewetter*, WM 2009, 340 ff.; *Fromm-Russenschuck/Banerjea*, BB 2004, 2425 ff.; *Brandi/Süßmann*, AG 2004, 642 ff.; *Schlitt/Schäfer*, AG 2004, 346, 352 ff.

dass die MAR ein mühsam gebastelter Kompromisstext ist, der sich dem systematischen Zugriff des Exegeten, wie wir ihn aus dem Umgang mit deutschen Kodifikationen gewohnt sind, entzieht.[36] Leitend muss daher, wie auch sonst im Europäischen Recht, die *teleologische* Interpretation sein. Sie setzt voraus, dass über den Normzweck des Insiderhandelsverbots Klarheit herrscht.

b) Gestaffelte Normzwecke und teleologische Auslegung

In Übereinstimmung mit der MAD sieht die MAR ihren Zweck darin, Marktmissbrauch (verstanden als Oberbegriff für Insiderhandel und Marktmanipulation) zu verhindern, weil dieser die Integrität der Finanzmärkte und das öffentliche Vertrauen in diese Märkte beeinträchtigt.[37] Integrität und Vertrauen wiederum seien Voraussetzung für einen effizienten Finanzmarkt, der seinerseits die Vorbedingung für ökonomisches Wachstum und Wohlstand ist. Ganz ähnlich formuliert man im Kapitalmarktstrafrecht, wo das Vertrauen in die Kapitalmärkte als das vom Insiderrecht geschützte „Rechtsgut" begriffen wird.[38] Angelehnt an die noch darzustellende EuGH-Rechtsprechung zur MAD präzisiert die MAR diese recht allgemein gehaltene Zwecksetzung dahingehend, dass Insiderhandel die Markintegrität und das Anlegervertrauen deshalb untergrabe, weil sich der Insider mit Hilfe der Insiderinformation und zum Nachteil Dritter einen „ungerechtfertigten Vorteil" verschaffe.[39]

---

[36] Ebenso *Veil*, ZBB/JBB 2014, 85, 88: „Sammelsurium von nur unzulänglich aufeinander abgestimmten Regelungsvorschlägen".

[37] Erwägungsgrund 2 MAR und Erwägungsgrund 1 MAD-Crim. Ganz in diesem Sinne auch schon *Arbeitskreis Gesellschaftsrecht*, Verbot des Insiderhandels, 1976, S. 10: „Die Börsen können ihrer vorrangigen Aufgabe, Spar- in Investmentkapital zu vermitteln, effektiv nur dann nachkommen, wenn das Vertrauen der Anleger in die Sauberkeit und Chancengleichheit des Börsenhandels nicht [...] gestört wird".

[38] Statt vieler Park/*Hilgendorf*, Kapitalmarktstrafrecht, 3. Aufl. 2013, Kap. 3 Rn. 12. Andere wollen das geschützte Rechtsgut in der Chancengleichheit der Anleger sehen, vgl. *Gehrmann* (Fn. 21) S. 98 ff. Zur verbreiteten strafrechtlichen Kritik am weitgefassten Rechtsgut des Insiderrechts nur *Mennicke* (Fn. 24) S. 489 ff.; *Gehrmann* (Fn. 21), S. 30 ff., 61 ff.; jüngst *Trüg*, Konzeption und Struktur des Insiderstrafrechts, 2014, S. 75 ff., der die Konturenlosigkeit des geschützten Rechtsguts zum Anlass nimmt, § 38 WpHG für verfassungswidrig zu erklären (ebd., S. 117 ff.).

[39] Erwägungsgrund 23 MAR: „Das wesentliche Merkmal von Insidergeschäften ist ein ungerechtfertigter Vorteil".

Das Insiderhandelsverbot weist damit eine Staffelung verschiedener, kausal miteinander verknüpfter Zwecke auf.[40] Oberster und allgemeinster Zweck, der sich mit den Zielen der Union selbst deckt,[41] sind *Wachstum und Wohlstand*, welche durch den Sekundärzweck der (Kapital-)*Markteffizienz* befördert werden sollen. Um Markteffizienz zu ermöglichen, sollen *Marktintegrität* und *Anlegervertrauen* geschaffen werden, die wiederum als letzten Zweck bedingen, dass *ungerechtfertigte Sondervorteile* für einzelne Marktteilnehmer vermieden werden. Diese Zweckstaffelung stellt die juristische Hermeneutik vor Herausforderungen, geht die teleologische Auslegung doch davon aus, dass es entweder nur einen Normzweck oder mehrere, aber gleichrangige (und ggfs. miteinander konkurrierende) Zwecke gibt.[42] Um der Zweckstaffelung gerecht zu werden, darf die Auslegung nicht einzelne Zwecke ausblenden, sondern muss versuchen, allen Rechnung zu tragen. Wie kann das geschehen?

Unzulässig und praktisch untauglich wäre es, die obersten Zwecke der MAR/MAD („Wohlfahrt", „Effizienz") für allein maßgeblich zu erklären und dadurch die Unterzwecke beiseitezuschieben, weil dadurch der Wille des Gesetzgebers, der die unteren Zwecke als zur Erreichung der oberen für geeignet ansieht, verfälscht und dem Ökonomen das Zepter in die Hand gegeben wäre.[43] Das wäre allenfalls hinzunehmen, wenn die Wohlfahrtsökonomie eindeutige Rezepte für das Erreichen von Effizienz lieferte, was – wie die Meinungskämpfe in der Zunft über die „richtige" Regulierung von Märkten zeigen – nicht der Fall ist. Anzusetzen ist daher beim *konkretesten* Zweck, hier also der Ausschließung ungerechtfertigter Sondervorteile. Dieser ist seinerseits im Lichte des nächst höheren Zwecks, also der Schaffung von Anlegervertrauen und Marktintegrität, zu würdigen, welcher wiederum nicht ohne Blick auf den Oberzweck (Effizienz) zu deuten ist. Ökonomische (und ethische) Überlegungen fließen auf diese Weise in die Auslegung ein, allerdings nicht in unvermittelter Form

---

[40] So im Ansatz bereits *Kirchner*, FS Kitagawa, 1992, S. 665, 671 („Bündel unterschiedlicher Ziele"); jetzt auch *Klöhn* in: Kölner Kommentar zum WpHG, 2. Aufl. 2014, Vor §§ 12–14 Rn. 26 („nicht ausschließende, sondern ergänzende Ansätze"), mit Hinweis auf die Brückenfunktion des Ziels „Anlegervertrauen" (ebd. Rn. 34).

[41] Vgl. Präambel und Art. 3 Abs. 3 („ausgewogenes Wirtschaftswachstum") des Vertrags über die Europäische Union (EU).

[42] Vgl. nur *Larenz*, Methodenlehre der Rechtswissenschaft, 6. Aufl. 1991, S. 328 ff., der durchgängig von „den Zwecken" einer Norm spricht, das Problem der Zweckstaffelung aber nicht behandelt.

[43] Damit ist ein generelles, wenn auch kaum beachtetes Problem der teleologischen Auslegung angesprochen, aufschlussreich dazu *Herzberg*, NJW 1990, 2525 ff.; *ders.*, JuS 2005, 1 ff.

(„Insiderhandel ist verboten, soweit er Wohlfahrtsverluste produziert" bzw. „Insiderhandel ist verboten, soweit er unfair ist"), sondern unterstützend bei der Würdigung, wann die Ausnutzung von Wissensvorsprüngen mehr und wann weniger schädlich für das Anlegervertrauen und damit für die Marktintegrität ist. Dabei kommt es nicht so sehr darauf an, welche Geschäfte genau schädlich oder unfair sind, sondern welche Geschäfte von potenziellen Marktteilnehmern (einschließlich nicht-professioneller Investoren) als unfair *empfunden* werden. Das ist eine psychologische Frage.

c) Der Grundsatz der informationellen Gleichbehandlung

An dieser Stelle ist ein Wort zur informationellen Gleichbehandlung geboten, die bisweilen als „oberstes Prinzip" des europäischen Insiderrechts bezeichnet wird.[44] Sie spielt im europäischen Kapitalmarktrecht in der Tat eine zentrale Rolle, doch ist es wichtig zu sehen, dass Gleichbehandlung nicht um ihrer selbst Willen, also nicht als rechtsethisches Ziel, angestrebt wird, sondern als bloßes *Mittel* zur Erreichung anderer, ökonomischer Zwecke. Hilfreich ist es hier, zwischen unmittelbar und mittelbar wirkenden Gleichbehandlungsgeboten zu unterscheiden.[45] Während unmittelbar wirkende Gleichbehandlungspostulate (wie diejenigen des Übernahmerechts) direkt gegen eine bestimmte Form von Marktversagen gerichtet sind, zielen mittelbar wirkende darauf, das Gefühl von Fairness zu vermitteln und *dadurch* ein effizientes Marktfeld zu schaffen. Erstere sind mikroökonomisch motiviert, letztere ordnungsökonomisch.[46]

Das Insiderrecht gehört in die zweite Kategorie, denn es geht ihm primär nicht um den Ausgleich einer Informationsasymmetrie, sondern darum, das Vertrauen der Anleger zu fördern, die es als unfair empfinden, wenn ihre Chancengleichheit durch zufällige Informationsvorsprünge von Insidern und die dadurch erzielten Sondervorteile verletzt wird.[47] Dieses

---

[44] So namentlich *Klöhn* (Fn. 40) §§ 12-14 Rn. 38 u. § 14 Rn. 5 (und öfter); ferner *Veil* (Fn. 24) § 13 Rn. 7; *Mehringer*, Das allgemeine kapitalmarktrechtliche Gleichbehandlungsprinzip, 2007, S. 102 ff.; kritisch dazu *Bachmann*, FS Schwark, 2009, 331, 344 ff.

[45] Vertiefend *Bachmann*, ZHR 170 (2006) 144, 168 ff.

[46] Zur Ordnungsökonomik als Brücke zwischen Ethik und Ökonomie s. nur *Bachmann*, Private Ordnung, 2006, S. 57; eingehend *Kirchner* in: Korff (Hrsg.) Handbuch der Wirtschaftsethik, 1999, S. 127 ff.

[47] S. schon *Arbeitskreis Gesellschaftsrecht* (Fn. 37) S. 11: „verbreitetes Misstrauen abbauen". Jüngst mit anderer Gewichtung *Grechenig*, ZBB 2010, 232, 239, demzufolge das Verbot der Ausnutzung von (positiven) Insiderinformationen in erster Linie dem Schutz des Anlegers und nur in zweiter Linie der Förderung von Markteffizienz dient.

Vertrauen – und das ist das Entscheidende – ist seinerseits Voraussetzung für die Investitionsbereitschaft und damit Vorbedingung liquider und effizienter Kapitalmärkte.[48] Informationelle Gleichbehandlung wird also nicht statuiert, weil sie „gerecht" ist, sondern weil die von ihr Begünstigten *glauben*, sonst ungerecht behandelt zu werden, und weil dieser Glaube ihr Angebots- und Nachfrageverhalten anleitet.[49] Insiderhandel schreckt dabei nicht nur Informationshändler ab, die sich aus ihrem mühsam und redlich erworbenen Wissen über Emittenten einen Gewinn versprechen, welcher ihnen von Insidern genommen wird,[50] sondern auch alle anderen, die dem Finanzmarkt generell kein Vertrauen mehr schenken („Casino") und ihr Kapital daher von vornherein anderweitig anlegen.[51]

d) Tatnachweis und Schutzbehauptungen

Wie andere Wirtschaftsdelikte hat das Insiderrecht mit Ausweichstrategien und Schutzbehauptungen zu kämpfen, die seine Effektivität und damit letztlich das Erreichen der Regelungsziele gefährden. Wer als Marktteilnehmer mit dem Vorwurf unzulässigen Insiderhandels konfrontiert ist, wird sich etwa damit zu verteidigen suchen, dass er von der Insiderinformation gar keine Kenntnis hatte oder sich ihrer beim Abschluss der Transaktion wenigstens nicht bewusst war, hilfsweise dass er die Information zwar kannte, nicht aber um ihren Charakter als Insiderinformation wusste, schließlich, dass er die Transaktion so oder so abgeschlossen hätte, weshalb die Information für seinen Erwerbsentschluss gar nicht kausal geworden sei.[52]

---

[48] Statt vieler *Mennicke* (Fn. 24) S. 108 mwN. Näher und mit Exemplifizierung aus neuerer Zeit *Grechenig*, ZBB 2010, 232, 235 f., 237 und *Klöhn*, ZHR 177 (2013) 349, 372 f.

[49] *Bachmann*, ZHR 170 (2006) 144, 169 f.

[50] So das mikroökonomisch fundierte Modell zur Rechtfertigung des Insiderhandelsverbots bei *Klöhn* (Fn. 40), §§ 12-14 Rn. 38 ff. („Markt für Informationshändler"); näher *ders.*, ZHR 177 (2013) 349, 371 ff. (im Anschluss an *Goshen/Parchemovsky*).

[51] Nur am Rande sei vermerkt, dass dies im (echten) Casino nicht anders ist. Auch dort wird unlauteres Spiel ungeachtet der Frage verboten, wer hier wie konkret geschädigt wird, weil unlauteres Spiel den Ruf des Casinos als Institution trübt.

[52] Typisch der Einwand des Angeklagten im Freenet-Fall: Er hätte die Aktien sowieso verkauft, weil bei ihm wegen eines Immobilienkaufs Kapitalbedarf bestanden habe. Das LG schenkte diesem Einwand keinen Glauben. Der BGH schließt aus dem Umstand, dass der Angeklagte die Insiderinformation bewusst zurückgehalten hat, dass es ihm wenigstens auch um die Erzielung eines Sondervorteils ging, s. BGH NJW 2010, 882, 883.

Je großzügiger das Recht diesen Verteidigungsstrategien Raum gewährt, umso mehr droht es, auf dem Papier zu stehen.[53] Das gilt insbesondere für Einwände, die dem Nachweis schwer zugänglich sind, wie innere Tatsachen. Das Insiderrecht muss daher auf das Arsenal bewährter Regelungstechniken wie insbesondere der (un-)widerleglichen Vermutung zurückgreifen, dabei aber auch darauf bedacht sein, rechtsstaatliche Prinzipien ebenso wie die Verteidigungsrechte des Betroffenen zu achten. Dieses Spannungsfeld prägt die noch darzustellende *Spector*-Entscheidung des EuGH sowie die sich daran entzündete Debatte.

III. Leitentscheidungen des EuGH

Der EuGH hatte bislang in drei Fällen Gelegenheit, das europäische Verbot des Insiderhandels zu präzisieren. Eine vierte, hier nur am Rande zu besprechende Entscheidung betrifft die Pflicht zur Veröffentlichung von Insiderinformationen.[54] Dabei ergingen die ersten beiden Entscheidungen noch zur alten Insiderrichtlinie, während die beiden jüngeren das verschärfte Regime der Marktmissbrauchsrichtlinie betreffen. Da sich die vom EuGH adressierten Rechtsfragen alle auch unter der MAR stellen, bleiben seine Entscheidungen von zentraler Bedeutung.

1. Die Rechtssache *Grøngaard* (2005)

a) Entscheidung

Der Grøngaard-Fall betraf die geplante Verschmelzung zweier börsennotierter dänischer Finanzinstitute.[55] Im Verwaltungsrat einer der beiden

---

[53] Für weitgehenden Verzicht auf Verschuldenselemente daher schon *Kirchner*, FS Kitagawa, 1992, S. 665, 681.

[54] Unberücksichtigt bleiben muss hier die Rechtssache *Lafonta*, in der zum Zeitpunkt des Manuskriptabschlusses noch keine Entscheidung des EuGH vorlag. Darin geht es um die Frage, ob eine Insiderinformation voraussetzt, dass man die Richtung, die der Börsenkurs bei ihrem Bekanntwerden nehmen wird, vorhersehen kann. Sieht man das zentrale Unwert-Element des Insiderhandels in der Erlangung eines Sondervorteils (näher dazu im Text), wird man die Frage bejahen müssen, weil der Insider andernfalls keinen Profit aus ihr schlagen kann. Ebenso *Klöhn*, ZIP 2014, 945, 950 f.

[55] Vgl. EuGH (Große Kammer) Urt. v. 22.11.2005 – C-384/02 (*Knud Grøngaard, Allan Bang*) = NJW 2006, 133.

Gesellschaften saß Herr Grøngaard, der als Mitglied einer Gewerkschaft von den Arbeitnehmern in diese Funktion gewählt worden war. Nachdem er in einer Verwaltungsratssitzung von der geplanten Fusion Kenntnis erhalten hatte, unterrichtete er den Vorsitzenden der Gewerkschaft darüber. Dieser informierte seinerseits die Mitarbeiter seines Sekretariats. Ein Sekretariatsangestellter erwarb daraufhin Aktien der betreffenden Gesellschaft, deren Kurs nach Bekanntgabe der Fusionsabsicht um 65 % nach oben schnellte und ihm dadurch einen Gewinn von 180.000 Euro bescherte.

Außer Zweifel stand, dass dieser Mitarbeiter einen Verstoß gegen das Insiderhandelsverbot begangen hatte. Zweifelhaft war dagegen, ob die Mitteilung des Fusionsplans durch Herrn Grøngaard an den Gewerkschaftsvorsitzenden (und von diesem an seine Mitarbeiter) gegen das Mitteilungsverbot verstieß.

Der EuGH verweist dazu auf Art. 3 MAD, wonach die Weitergabe einer Insiderinformation zulässig ist, „soweit dies im normalen Rahmen der Ausübung ihrer Arbeit oder ihres Berufes oder der Erfüllung ihrer Aufgaben" liegt. Ob dies der Fall sei, bestimme sich nach den Regelungen des nationalen Rechts, welches die Aufgaben der betreffenden Personen regelt.[56] Damit lässt der EuGH den Mitgliedstaaten Freiheit bei der Frage, wie weit sie die Mitteilungsbefugnis ziehen wollen. Um das Verbot nicht leer laufen zu lassen, gibt er diesen allerdings die Mahnung mit auf den Weg, bei der Auslegung der betreffenden nationalen Vorschriften den Umstand zu berücksichtigen, dass die Weitergabebefugnis als Ausnahmeregel eng auszulegen sei, dass jede zusätzliche Weitergabe die Gefahr von Insidergeschäften vergrößere, und dass bei sensiblen Insiderinformationen, also solchen, die offensichtlich den Kurs beeinflussen können, „besondere Vorsicht" geboten sei.[57] Die Weitergabe sei daher nur dann zulässig, wenn ein enger Zusammenhang zwischen der Weitergabe und der – nach nationalem Recht geregelten – Aufgabe des Weitergebenden bestehe und wenn die Weitergabe für die Erfüllung dieser Aufgabe „unerlässlich" sei.[58] Zur Untermauerung dieses Verständnisses führt der EuGH den Zweck der Richtlinie ins Feld, „für das reibungslose Funktionieren des Sekundärmarktes zu sorgen und das Vertrauen der Anleger zu erhalten, das insbesondere darauf beruht, dass sie gleichgestellt und gegen die unrechtmäßige Verwendung von Insiderinformationen geschützt sind".[59]

---

[56] EuGH, aaO Rn. 40, 46, 51.
[57] EuGH, aaO Rn. 27, 34-39, 48.
[58] EuGH, aaO Rn. 34 u. 48.
[59] EuGH, aaO Rn. 33.

b) Würdigung

Die Entscheidung stieß auf ein geteiltes Echo. Während manche sie explizit begrüßten,[60] geißelten andere sie als realitätsfremdes Bekenntnis zum „Insiderfundamentalismus".[61] Die Kritiker stören sich an der vom EuGH gewählten Formulierung, wonach die Weitergabe „unerlässlich" sein müsse und monieren, dass nicht zwischen innerbetrieblicher Weitergabe und der Weitergabe an Unternehmensexterne differenziert wird. Nähme man das Urteil beim Wort, wäre jedwede betriebsinterne Kommunikation beinahe unmöglich gemacht.[62]

Legt man, wie es bei EuGH-Entscheidungen generell geboten ist, nicht jedes Wort auf die Goldwaage und liest das Urteil „on the facts", relativieren sich die Kritikpunkte erheblich.[63] Bedenkt man ferner, dass der EuGH vor dem Hintergrund der Zwecksetzung harmonisierender Rechtsakte im Allgemeinen und der Stoßrichtung der MAD im Besonderen auch und vor allem die psychologische Wirkung seiner Entscheidungen im Auge behalten muss, erscheint das Urteil in wesentlich hellerem Licht. Im entschiedenen Fall ging es um die Weitergabe hochsensibler Informationen an Unternehmensexterne, die – wie die skrupellose Verwendung der Information durch den Sekretär zeigte – ein besonders hohes Risiko des Insiderhandels schafft. Hinzu kommt, dass die Befugnis zur Weitergabe von Insiderinformationen bis zur Grøngaard-Entscheidung im Schrifttum z.T. recht großzügig interpretiert und in der Praxis einiger Mitgliedstaaten entsprechend leger gehandhabt wurde. Hätte der EuGH sich vor diesem Hintergrund und entgegen der tradierten Auslegungsregel *singularia non sunt extendenda* für ein weitherziges Verständnis der Weitergabebefugnis ausgesprochen, hätte er damit ein fatales Signal für die Entwicklung des europäischen Kapitalmarkts gesetzt.

Wenn der EuGH demgegenüber zu Recht den Schutzzweck der Insiderrichtlinie betont, macht er damit deutlich, dass man es bei der Prüfung der Weitergabebefugnis nicht dabei bewenden lassen kann, aus den Aufgaben

---

[60] So *Bachmann*, ZHR 172 (2008) 597, 624 („beifallswürdig"); *Schwintek*, EWiR 2006, 155 f. („überzeugend").

[61] Vgl. *Widder*, EWiR 2009, 687, 688 („überzogen und praxisfern"); *Assmann* in: Assmann/Schneider (Hrsg.) WpHG, 6. Aufl. 2012, § 14 Rn. 74b („undifferenziert und insiderfundamentalistisch"); kritisch auch *Gehrmann* (Fn. 21) S. 155 ff. und KMRK-*Schwark/Kruse*, 4. Aufl. 2010, § 14 WpHG Rn. 46a.

[62] Vgl. *Assmann* (Fn. 61) § 14 Rn. 74b.

[63] So auch *Lenenbach*, Kapitalmarktrecht, 2. Aufl. 2010, Rn. 13.60 (Urteil „bei weitem nicht so restriktiv, wie es auf den ersten Blick den Anschein hat"); gegen Überinterpretation der EuGH-Aussagen auch *Vogel* (Fn. 21) § 38 Rn. 3 (zum noch zu besprechenden *Spector*-Urteil).

des Weitergebenden oder gar dem Informationsinteresse des Empfängers ohne weiteres auf die Zulässigkeit der Weitergabe zu schließen, sondern dass stattdessen eine zweistufige Prüfung vonnöten ist, bei der zusätzlich eine Abwägung mit den Schutzzwecken des Weitergabeverbots – eben der möglichst weitgehenden Vermeidung von Insiderhandel – zu erfolgen hat.[64] Mag man im Rahmen dieser Abwägung auch zu Ergebnissen gelangen, die sich von den zuvor gewonnenen nicht unterscheiden, wird durch die zusätzliche Prüfstufe doch die gebotene Sensibilisierung des Rechtsanwenders gegenüber den Schutzanliegen des Insiderrechts gewahrt.[65]

Der oberste Gerichtshof Dänemarks, der den Fall schließlich zu entscheiden hatte, nutzte den ihm vom EuGH eingeräumten Auslegungsspielraum und erkannte, dass die Weitergabe in dem betreffenden Fall sachlich begründet war, da sie in Dänemark zu den normalen Aufgaben eines von den Arbeitnehmern gewählten Mitglieds des Verwaltungsrats gehöre.[66]

2. Die Rechtssache *Georgakis* (2007)

a) Entscheidung

In der Rechtssache *Georgakis* ging es um ein griechisches börsennotiertes Unternehmen, dessen Aktien aufgrund einer Börsenkrise vom Kursverfall bedroht waren.[67] Auf Anraten von Finanzberatern beschlossen die Hauptaktionäre der Gesellschaft, untereinander verschiedene Käufe und Rückkäufe zu tätigen, die allein den Zweck hatten, den Kurs der Aktie künstlich zu stützen. Die griechische Behörde sah darin einen Verstoß gegen das Insiderhandelsverbot und verhängte eine Geldbuße.

Der EuGH befand, dass die Empfehlung der Finanzberater selbst keine Insiderinformation darstelle. Der auf diese Information gestützte Kauf und Rückkauf sei folglich kein Insidergeschäft.[68] Eine Insiderinformation sei dagegen die Kenntnis der Hauptaktionäre, dass die anderen Haupt-

---

[64] Vgl. *Bachmann*, ZHR 172 (2008) 597, 625; ähnlich *Lenenbach* (Fn. 63) Rn. 13.161 f.

[65] Vgl. *Bachmann*, AcP 210 (2010) 424, 429, 474 (zur psychologischen Bedeutung von Prüfungsschritten bei der Anwendung der Grundfreiheiten).

[66] Højesteret (Oberster Gerichtshof Dänemarks) Urt. v. 14.5.2009 – 219/2008 = ZIP 2009, 1526 mit Anm. *Widder*, EWiR 2009, 687.

[67] Vgl. EuGH, Urt. v. 10.5.2007 – C-391/04 (*Ypourgos Oikonomikon u.a./ Charilaos Georgakis*) = EuZW 2007, 572.

[68] EuGH, aaO Rn. 27-31.

aktionäre Aktien kaufen und rückkaufen wollen.[69] Weil alle Beteiligten dieser Geschäfte jedoch den gleichen Informationsstand besäßen, werde die Gleichheit der Anleger dadurch nicht beeinträchtigt. Daher werde die Insiderinformation nicht ausgenutzt.[70]

b) Würdigung

Auf den ersten Blick irritiert die Entscheidung, da sich der Sachverhalt aus der Sicht eines Outsiders durchaus als anrüchiges Insidergeschäft darstellt und damit, was der EuGH auch ausdrücklich anerkennt,[71] das von der Insiderrichtlinie geschützte Vertrauen der Anleger in die Integrität des Marktes in gleicher Weise beschädigt wie ein „echtes" Insidergeschäft.[72] Der Sachverhalt hätte sich auch ohne weiteres unter den Wortlaut des Insiderhandelsverbots subsumieren lassen. Dennoch ist die Entscheidung richtig, weil es sich bei dem künstlichen Aufblähen der Kurse zwar um eine anstößige Manipulation handelt, die jedoch – wie der Vergleich mit der später erlassenen, auch diese Form des Markteingriffs sanktionierenden MAD zeigt – ein vom Insiderhandel zu separierendes Delikt darstellt.[73] Da Praktiken, wie sie im Fall Georgakis angewandt wurden, heute ausdrücklich von diesem Sondertatbestand erfasst sind,[74] hat die Frage, ob darin zugleich ein verbotenes Insidergeschäft liegt, nur mehr theoretische Bedeutung.

Zwei Aussagen des *Georgakis*-Urteils behalten jedoch sowohl unter dem Regime der MAD als auch unter dem der künftigen MAR ihre Aussagekraft. Die erste besteht darin, dass der nicht-öffentliche *eigene Entschluss*, Aktien in größerem Umfang zu kaufen oder zu verkaufen, nicht nur für Dritte, sondern auch für diejenigen, die ihn gefasst ha-

---

[69] EuGH, aaO Rn. 33.

[70] EuGH, aaO Rn. 39.

[71] EuGH, aaO Rn. 41 („kann tatsächlich einen Verlust des Vertrauens der Anleger in die Integrität der Finanzmärkte herbeiführen").

[72] Kritisch daher *Schuhmacher/Fuchs*, wbl 2007, 2007, 475, 477 f. (Urteilsanmerkung): „Unbefriedigend".

[73] Plastisch *Widder*, EWiR 2007, 479 (Urteilsanmerkung): „Verschiedene Paar Schuhe".

[74] Vgl. Art. 12 Abs. 1 a) i) MAR, wonach der Abschluss eines Geschäfts, der falsche oder irreführende Signale hinsichtlich des Angebots oder der Nachfrage eines Finanzinstruments gibt, eine (verbotene) Marktmanipulation darstellt. Dazu EuGH, Urt. v. 7.7.2011 – Rs. C-445/09 (IMC) = AG 2011, 588 mit Bspr. *Klöhn*, NZG 2011, 934.

ben, eine Insiderinformation darstellt.[75] Diese Aussage ist wichtig, da der Erwerb von Aktienpaketen außerhalb der Börse oder der sukzessive Beteiligungsaufbau damit nicht schon deshalb aus dem Anwendungsbereich des Insiderhandelsverbots herausfallen, weil der eigene Entschluss zum Kauf von Aktien etwa keine Insiderinformation wäre. Derartige Transaktionen können nur gegen das Insiderhandelsverbot immunisiert werden, wenn der Nachweis gelingt, dass bei ihnen keine „Nutzung" einer Insiderinformation stattfindet.

Damit rückt die zweite zentrale Aussage des Urteils in den Vordergrund. Sie besteht in dem Hinweis, dass es an einer „Nutzung" von Insiderinformationen fehlt, wenn beide Vertragspartner denselben Informationsstand haben, weil dann das Ziel der Insiderrichtlinie, die *Gleichheit der Vertragspartner* bei einem Börsengeschäft zu gewährleisten, gewahrt werde.[76] Diese Aussage darf nicht dahin gehend missverstanden werden, dass der EuGH damit über das von der Insiderrichtlinie intendierte Ziel hinaus ein „Prinzip der Parität der Vertragsparteien" etablieren wollte.[77] Zu dieser These mag die Formulierung der zitierten Urteilspassage verleiten, wonach das Insiderrecht auf „Gleichheit der Vertragspartner" ziele. Tatsächlich geht es dem europäischen Insiderrecht nicht um Vertragsparität im engeren (zivilistischen) Sinne, sondern – wie der Gerichtshof sowohl in *Grøngaard* als auch in *Georgakis* zu Recht hervorhebt – darum, das Vertrauen der Anleger in die Integrität der Kapitalmärkte abzusichern, indem diese sich darauf verlassen dürfen, dass niemand der dort Handelnden einen ungerechtfertigten Sondervorteil erzielt.[78] Das Erzielen eines solchen *Sondervorteils* – darauf ist zurückzukommen – ist damit das zentrale Element, welches den Kern des Insidertatbestands ausmacht.

3. Die Rechtssache *Photo Spector* (2009)

Zu diesem Kern des europäischen Insiderrechts stoßen wir mit der *Photo-Spector*-Entscheidung vor. Während die bislang betrachteten Entscheidungen anfangs kaum Beachtung fanden, erzeugte „*Photo-Spector*" ein umso größeres Echo. Das Urteil wirkte als Weckruf, der nicht nur Einzelkritik auf den Plan rief, sondern die Grundsatzfrage aufs

---

[75] EuGH, Urt. v. 10.5.2007 – C-391/04 (*Georgakis*) = EuZW 2007, 572 Rn. 33.

[76] EuGH, aaO Rn. 37-39.

[77] So aber *Hupka*, EuZW 2011, 860, 863 f.

[78] Vgl. EuGH, aaO Rn. 38 u. 39; ferner EuGH (Große Kammer) Urt. v. 22.11.2005 – C-384/02 (*Grøngaard*) = NJW 2006, 133, Rn. 33.

Tapet brachte, warum Insiderhandel auf europäischen Kapitalmärkten überhaupt verboten ist.

a) Entscheidung

In der Entscheidung ging es um den sukzessiven Rückkauf eigener Aktien durch eine belgische Gesellschaft, welche diese Aktien ihren Mitarbeitern im Rahmen eines Beteiligungsprogrammes zur Verfügung stellen wollte.[79] Zum Zeitpunkt dieses Erwerbs verfügte die Geschäftsleitung über sensible Informationen zur Geschäftspolitik, die noch nicht publik gemacht worden waren, und die nach späterem Bekanntwerden zu einem beträchtlichen Kursanstieg führten. Die belgische Börsenaufsicht sah in dem Rückkauf ein verbotenes Insidergeschäft und verhängte gegen die Gesellschaft sowie gegen das zuständige Verwaltungsmitglied Geldbußen. Diese verteidigten sich damit, es sei ihnen nicht nachzuweisen, dass sie die fraglichen Aktienrückkäufe zwecks Erzielung von Insidervorteilen getätigt hätten.[80]

Der EuGH diskutiert die Frage, ob es für das „Nutzen" einer Insiderinformation genügt, dass der Betreffende über diese Information verfügt und sodann Finanzinstrumente kauft oder verkauft, oder ob hinzukommen muss, dass er sich des Insidercharakters der Information bewusst ist und dieses Wissen ausnutzt. Der Gerichtshof verweist zunächst auf den Wortlaut der MAD, der weder besage, dass die Insiderinformation für die Transaktion bestimmend gewesen sein muss, noch dass der Primärinsider sich ihres Insidercharakters bewusst gewesen sein müsse.[81] Auch die Entstehungsgeschichte und die Zielsetzung der Richtlinie machten deutlich, dass der Tatbestand „kein Element der Finalität oder Vorsätzlichkeit" erfordere.[82] Daher sei zu vermuten, dass der im Besitz einer Insiderinformation befindliche Primärinsider mit Vorsatz gehandelt habe.[83] Mit Blick auf die Unschuldsvermutung der Europäischen Menschenrechtskonvention müsse ihm allerdings die Möglichkeit offen stehen, diese Vermutung zu entkräften.[84]

---

[79] EuGH, Urt. v. 23.12.2010 – C-45/08 (*Spector Photo Group, Chris van Raemdonck*) = EuW 2010, 227. Zu den (strengen) Voraussetzungen, unter denen Rückkaufprogramme nach der MAR zulässig sind, s. Art. 5 MAR.
[80] Vgl. EuGH, a.a.O., Rn. 20 „wegen der bevorstehenden Veröffentlichung".
[81] EuGH, aaO Rn. 32.
[82] EuGH, aaO Rn. 34 u. 37.
[83] EuGH, aaO Rn. 38.
[84] EuGH, aaO Rn. 39–44.

Weiterhin unterscheidet der EuGH zwischen Insiderinformationen, welche die von der Richtlinie geschützten Interessen beeinträchtigen können, und solchen, die dies nicht tun.[85] Zur ersten Gruppe rechnet er Insiderinformationen, durch deren Nutzung sich die Beteiligten einen Sondervorteil verschaffen. Zur zweiten Gruppe zählt er „Geschäfte, die für das reibungslose Funktionieren der Finanzmärkte legitim und nützlich sind". Unter Hinweis auf die Erwägungsgründe der MAD nennt er als Beispiele dafür Geschäfte durch Market-Maker oder Stellen, die befugt sind als Gegenpartei aufzutreten, ferner öffentliche Übernahmeangebote sowie die Umsetzung der eigenen Entscheidung, Aktien zu kaufen.

b) Aufwertung der Entscheidung durch Übernahme in die MAR

Der europäische Gesetzgeber hat das *Spector*-Urteil dadurch geadelt, dass er seine Leitsätze beinahe wörtlich in den Text der MAR aufgenommen hat. Erwägungsgrund 24 der MAR gibt die zusammenfassende Antwort des EuGH auf die Vorlagefrage wieder, wenn es dort – hier in verkürzter Form – heißt:

> „Wenn eine Person im Besitz von Insiderinformationen Finanzinstrumente, auf die sich diese Informationen beziehen, erwirbt oder veräußert, sollte *unterstellt* werden, dass diese Person diese Information genutzt hat. Diese Annahme lässt die Verteidigungsrechte unberührt".[86]

Und weiter:

> „Ob eine Person gegen das Verbot von Insidergeschäften verstoßen hat [...], sollte im Hinblick auf den Zweck dieser Verordnung untersucht werden, der darin besteht, die Integrität des Finanzmarkts zu schützen und das Vertrauen der Investoren zu stärken, das wiederum auf der Gewissheit beruht, dass die Investoren gleichbehandelt und vor der missbräuchlichen Verwendung von Insiderinformationen geschützt werden".[87]

Während die zuletzt genannte Aussage die oben schon geschilderten gestaffelten Normzwecke des europäischen Insiderhandelsverbots hervorhebt, verstärkt die erste die autoritäre Kraft der „Spector-Regel", wonach die Nutzung einer Insiderinformation durch Primärinsider vermutet, d.h., wie EuGH und MAR übereinstimmend formulieren, „unterstellt" wird.

---

[85] EuGH, aaO Rn. 45 ff.

[86] Hervorhebung von mir. Im EuGH-Urteil (aaO Rn. 62) hatte es (hier wiederum verkürzt) geheißen: „Die Tatsache, dass eine Person, die über Insiderinformationen verfügt, Finanzinstrumente, auf die sich die Information bezieht, erwirbt oder veräußert, impliziert vorbehaltlich der Wahrung der Verteidigungsrechte eine Nutzung dieser Information".

[87] EuGH, aaO Rn. 47 (unter Hinweis auf die *Grøngaard*-Entscheidung).

Diese Aussage ist im deutschen Schrifttum allerdings vielfach auf Kritik gestoßen. Es tut daher Not, sich damit näher auseinander zu setzen.

c) Würdigung

aa) Die Kritik im deutschen Schrifttum

Vielfach ist die „Spector"-Entscheidung auf Vorbehalte gestoßen. Moniert wird, dass die darin ausgesprochene Vermutung mit dem strafrechtlichen Schuldprinzip unvereinbar sei, weshalb jedenfalls für Deutschland am Vorsatz und seinem Nachweis festgehalten werden müsse.[88] Gerügt wird ferner, dass der EuGH sich nicht mit der Frage auseinandersetze, ob die „Nutzung" der Insiderinformation – wie es die h.M. in Deutschland, aber auch zahlreiche andere Mitgliedstaaten verlangen – ein kausales Element erfordere.[89] Soweit der Entscheidung ein Verzicht auf ein solches zu entnehmen sei, könne dem nicht gefolgt werden.[90] Der vom Gerichtshof unternommene Versuch, die Abgrenzung zwischen legaler und illegaler Nutzung von Insiderinformationen durch Rekurs auf allgemeine Prinzipien des Kapitalmarktrechts (Gleichbehandlung, Fairness) zu leisten, führe in rechtlich unsicheres Terrain.[91] Schließlich stört man sich an dem Umstand, dass der Gerichtshof seine Ausführungen ganz auf Primärinsider ausrichtet, da sich das adressierte Problem bei allen Insidern stelle.[92]

bb) Relativierung der Kritik

Der referierten Kritik ist zuzugeben, dass das Urteil nicht in jeder Hinsicht mit der gewünschten Klarheit formuliert ist und insofern Raum für Interpretationen lässt. Dennoch schießt sie über das Ziel hinaus.

---

[88] *Nietsch*, ZHR 174 (2010) 556, 568 ff.; *Lenenbach* (Fn. 63) Rn. 13.141; *Opitz*, BKR 2010, 71 ff.; früher schon *Cahn*, Der Konzern 2005, 5, 13: „Für eine ‚quasi-gesetzliche Vermutung' ist kein Raum". Aus dem strafrechtlichen Schrifttum *Gehrmann* in: Schork/Groß (Hrsg.) Bankstrafrecht, 2013, Rn. 500 („mit dem Grundsatz *in dubio pro reo* unvereinbar"); *A. Hohnel* in: ders. (Hrsg.) Kapitalmarktstrafrecht, 2013, § 14 WpHG Rn. 13 („strafrechtlich bedenklich"); anders *Ransiek*, wistra 2011, 1, 3 f. und Park/*Hilgendorf* (Fn. 38) Rn. 142 u. Rn. 158, die die Vermutung indes nur auf die Kausalität, nicht auf die Kenntnis des Insidercharakters der Information erstrecken wollen.

[89] *Langenbucher* CMLJ 5 (2010) 452, 456, 460; *Nietsch*, ZHR 174 (2010) 556, 564.

[90] *Nietsch*, ZHR 174 (2010), 556, 572; *Langenbucher*, CMLJ 5 (2010) 452, 468, 470.

[91] *Klöhn*, ECFR 2010, 347, 355 ff.; *Langenbucher*, CMLJ 5 (2010) 452, 466 („entails considerable legal uncertainty").

[92] *Nietsch*, ZHR 174 (2010) 556, 565.

(1) Was zunächst die Fokussierung des EuGH auf *Primärinsider* betrifft, findet diese ihren sachlichen Grund darin, dass die MAD ebenso wie die MAR Sekundärinsidern die Verwendung von Insiderinformationen nur dann verbietet, wenn diese „wussten oder hätten wissen müssen", dass es sich um Insiderinformationen handelt.[93] Das subjektive Element, das durch die MAD für Primärinsider aus dem Tatbestand eliminiert worden war, ist für Sekundärinsider also ausdrücklich beibehalten worden. Diese Unterscheidung ist auch sachlich gerechtfertigt, denn beim Primärinsider (typischerweise also bei Führungskräften) kann, wie der EuGH ganz richtig sieht, schon aus ihrer besonderen Stellung im Unternehmen gefolgert werden, dass sie sich des Insidercharakters einer Information bewusst sind. Der CFO, der die brandneuen Kennzahlen noch rasch zum lukrativen Erwerb von Insiderpapieren nutzt, wird mit dem Einwand, er habe nicht gewusst, dass die Information kursrelevant bzw. unveröffentlicht gewesen sei, schlicht nicht gehört. Anders liegt es beim Sekundärinsider, weshalb die Spector-Regel auch nicht auf diesen erstreckt werden kann.[94]

(2) Damit ist zugleich dargetan, dass der *Verzicht auf ein subjektives Element* bei Primärinsidern vom europäischen Gesetzgeber vorgegeben wurde. Wenn die Insiderrichtlinie noch das „ausnutzen [...] in Kenntnis der Sache" verlangte und der Gesetzgeber dies in der MAD bewusst zur bloßen „Nutzung" zusammenstrich,[95] kann daraus nur der Schluss gezogen werden, dass es auf die irgendeines Nachweises bedürftige Kenntnis des Insidercharakters der Information ebenso wie auf irgendwelche Motivationslagen beim Primärinsider nicht mehr ankommt.[96] Eine entsprechende Kenntnis wird, wie es der EuGH und jetzt die MAR klipp und klar ausdrücken, „unterstellt". Die teleologischen Erwägungen, die der EuGH ergänzend anführt, erhärten diesen Befund, denn die Insiderrichtlinie zielt auf ein effektives Unterbinden des Insiderhandels, welches durch den Streit über kaum dem Nachweis zugängliche innere

---

[93] Vgl. Art. 8 Abs. 4 Satz 2 MAR.

[94] A.A. *Klöhn* (Fn. 40) § 14 Rn. 135, der die Spector-Regel auf die Vermutung der *Kausalität* verkürzt, während der EuGH sie auf den *Vorsatz*, mithin (auch) auf das Wissen um den Insidercharakter der Information bezieht, s. EuGH aaO (Fn. 79) Rn. 38.

[95] S.o., II. 2.b. (S. 14).

[96] Zum Paralleltatbestand der Marktmanipulation, bei dem das subjektive Element ebenfalls aus dem Tatbestand entfernt wurde, s. BGH AG 2014, 252, 256. Missverständlich ist es daher, wenn der BGH an anderer Stelle – und noch dazu unter Berufung auf das *Spector*-Urteil – für verbotenes Insiderhandeln „absichtliches" Handeln verlangt, s. BGH NJW 2010, 882, 883 – Freenet mit berechtigter Kritik von *Klöhn*, DB 2010, 769, 771.

Umstände des im Besitz einer Insiderinformation Befindlichen zweifels-
ohne getrübt wäre.

Für Verwirrung hat allerdings gesorgt, dass der EuGH auf die Kenntnis von der Insidereigenschaft einer Information einerseits verzichtet
(indem er sie „unterstellt"), sie andererseits als „vermutet" ansieht (und
insoweit offenbar doch an einem subjektiven Merkmal festhält).[97] Dieser
Widerspruch lässt sich aber auflösen. Wenn MAD und MAR in Bezug
auf Primärinsider keine Kenntnis vom Insidercharakter einer Information
fordern, stellen sie damit die *unwiderlegliche Vermutung* auf, dass ein Primärinsider, der über Insiderinformationen verfügt und sodann Geschäfte
tätigt, vom Insidercharakter der Information weiß. Die Widerlegbarkeit
– und damit das Beibehalten eines subjektiven Moments – resultiert
nicht aus der MAD/MAR, sondern aus der Unschuldsvermutung der
Menschenrechtskonvention (Art. 6 Abs. 2 EMRK) und ist folglich auf
deren Anwendungsbereich – das Strafrecht – beschränkt. Das bedeutet:
(Nur) soweit der Anwendungsbereich der EMRK reicht, kommt es
zu einer menschenrechtskonformen Einschränkung der MAD/MAR.
Jenseits dieses Anwendungsbereichs – namentlich also im Zivilrecht und
im eingriffsarmen Verwaltungsrecht – bleibt es dagegen dabei, dass die
Vermutung *nicht* widerleglich ist und die Kenntnis des Insidercharakters
der Information sowie sämtliche Motivlagen des Primärinsiders für die
Sanktionierung bedeutungslos sind.

Der Einwand, dass der Nachweis vorsätzlichen Handelns aus übergeord-
neten Erwägungen (Schuldprinzip, Unschuldsvermutung, nemo-tenetur-
Grundsatz) geboten sei, ist von einer verengten deutschen Strafrechts-
perspektive geprägt, die Insiderhandel ausschließlich als Straftatbestand
wahrnimmt. In der Tat wäre es merkwürdig, einen Straftatbestand
vorzugeben, der ganz ohne subjektive Elemente auskommt. Das europäische Insiderrecht tut dies aber gar nicht, denn sowohl die alte MAD
als auch die MAR etablieren lediglich ein *Handels*verbot. Strafrechtliche
Sanktionen sind von den Mitgliedstaaten vorzusehen, wobei diese die
Strafbarkeit vom Vorsatzerfordernis abhängig machen dürfen.[98] Weil der
EuGH sich nur zum europäischen Insiderhandelsverbot selbst, nicht zu

---

[97] *Bussian*, WM 2011, 11 („widersprüchlich"); *Forst*, EWiR 2010, 129, 130;
Klöhn (Fn. 40) § 14 Rn. 122; *Nietsch*, ZHR 174 (2010) 556, 564.

[98] Vgl. Art. 3 Abs. 1 MAD-Crim.: „Die Mitgliedstaaten treffen die erforder-
lichen Maßnahmen, um sicherzustellen, dass Insider-Geschäfte [...] zumindest
in schwerwiegenden Fällen *und bei Vorliegen von Vorsatz* Straftaten darstellen"
(Hervorhebung von mir); ferner Erwägungsgrund 10 MAD-Crim.: schwerwiegen-
de Fälle von Insider-Geschäften sollen Straftaten darstellen „wenn sie vorsätzlich
begangen wurden".

dessen nationaler Strafrechtsbewehrung geäußert hat, wird man seine Bezugnahme auf die EMRK so zu lesen haben, dass der dem Betroffenen offen stehende Nachweis fehlenden Verschuldens im Strafverfahren nur Mindestgebot ist, die Mitgliedstaaten hingegen nicht gehindert sind, darüber hinaus für die Bestrafung den Nachweis des Vorsatzes – und damit der Kenntnis des Insidercharakters der Information – zu verlangen.[99] Die neue MAD-Crim. bestätigt diese Sichtweise, denn sie stellt klar, dass der Verzicht auf den Vorsatznachweis nur für die Verwaltungssanktionen nach der MAR gilt.[100]

(3) Es bleibt der Kritikpunkt, dass der EuGH sich (vermeintlich) nicht zur *Kausalitätsfrage* äußert. Bei dieser Kausalität, die naturgemäß nur eine psychische sein kann, geht es darum, dass der sich im Besitz der Insiderinformation Befindliche nicht nur weiß, dass er über Insiderwissen verfügt, sondern dass ihn dieses auch dazu *motiviert*, das Insidergeschäft zu tätigen.[101] Soweit man im Schrifttum meint, mangels gegenteiliger Aussagen des EuGH sei weiterhin am Nachweis einer so verstandenen Kausalität festzuhalten,[102] ist dem entgegenzutreten. Zwar spricht der EuGH die Frage der Kausalität nicht expressis verbis an. Wenn er aber festhält, die MAD verlange nicht, dass die Insiderinformation für die Erwerbs- oder Veräußerungsentscheidung „bestimmend" war (Rn. 32 des Urteils) und sie zugleich als „integralen Bestandteil" des Entscheidungsprozesses des Primärinsiders bezeichnet (Rn. 36 des Urteils), kann dies doch kaum anders denn als Verzicht auf einen gesondert zu ermittelnden Nexus zwischen Kenntnis der Information und getätigtem Geschäft zu verstehen sein.[103]
Die deutsche Literatur versucht das Kausalitätskriterium zu retten, indem sie das Urteil so liest, als habe der EuGH darin eine Vermutung der Kausalität ausgesprochen.[104] Damit, so sagt man, habe er zugleich

---

[99] Ebenso *Veil* (Fn. 24) § 13 Rn. 102; *Vogel* (Fn. 21) § 38 Rn. 3.

[100] Vgl. Erwägungsgrund 23 Satz 2 MAD-Crim.: „Während nach dieser Richtlinie ein begangener Verstoß bei Vorsatz und mindestens in schweren Fällen strafbar sein sollte, ist für Sanktionen bei Verstößen gegen die Verordnung (EU) Nr. 596/2014 [= MAR] kein Nachweis eines Vorsatzes [...] erforderlich."

[101] *Mennicke* (Fn. 11) § 14 Rn. 56; *Cascante/Bingel*, AG 2009, 894, 897.

[102] So namentlich *Schulz*, ZIP 2010, 609, 611 und *Assmann* (Fn. 61) § 14 Rn. 26: Kausalität formuliere ein „ausschließlich objektives Merkmal", bei dem der vom EuGH unterstellte Vorsatz „nicht die geringste Rolle spiele".

[103] So auch die überwiegende Lesart, s. nur *Klöhn* (Fn. 40) § 14 Rn. 134; *Bussian*, WM 2011, 8, 9, 10; *Cascante/Bingel*, NZG 2010, 161, 162; *Flick/Lorenz*, RIW 2010, 381, 382; *Ransiek*, wistra 2011, 1, 2 f.

[104] So das ganz herrschende Verständnis, vgl. statt aller und mwN nur *Klöhn*, ZHR 177 (2013) 349, 379; *ders.* (Fn. 40) § 14 Rn. 134 („Spector-Regel").

die in Deutschland herrschende Meinung bestätigt, wonach „Nutzung"
ein Kausalitätselement impliziert.[105] Da die Kausalitätsvermutung nach
diesem Verständnis zudem widerleglich ist,[106] hat sich für die deutsche
Literatur durch das Spector-Urteil insgesamt nichts geändert, sieht man
von dem zwecks Widerlegung der Vermutung erforderlich gewordenen
Dokumentationsaufwand ab.[107]

Eine Kausalitätsvermutung ist angesichts der Systematik von MAD/
MAR in der Tat naheliegend, wird die Insiderinformation darin doch als
solche definiert, „die ein verständiger Anleger wahrscheinlich als Teil der
Grundlage seiner Anlageentscheidung nutzen würde".[108] Ist ein verständiger
Anleger (hier in Gestalt des Primärinsiders) im Besitz einer Information, die
er wahrscheinlich bei seiner Anlageentscheidung nutzen würde, und trifft
er tatsächlich eine solche Anlageentscheidung, dann wäre es geradezu wi-
dersinnig zu unterstellen, dass er vorbehaltlich des Beweises des Gegenteils
die Information *nicht* genutzt hat.[109] Dessen ungeachtet hat der EuGH
ausdrücklich keine Kausalitätsvermutung ausgesprochen, sondern lediglich
die „Nutzung" unterstellt, worin diese auch immer liegen mag.

Der Verzicht auf einen nachzuweisenden Kausalnexus beraubt das
Insiderhandelsverbot keineswegs seiner Konturen. Denn der EuGH sieht
sehr wohl, dass nicht jedes Geschäft des über eine Insiderinformation
Verfügenden dem Verbot unterfallen darf und bemüht sich, diese Einsicht
mit *teleologischen* Erwägungen umzusetzen. Dies gelingt in einem konse-
quenten Dreischritt: Aus den Erwägungsgründen der MAD entnimmt
der Gerichtshof zunächst, dass die Zielsetzung des Insiderverbots darin
besteht, die Integrität der Finanzmärkte sicherzustellen und das Vertrauen
der Anleger in diese Märkte zu stärken.[110] Anknüpfend an die Präjudizien
Grøngaard und *Georgakis* erkennt er sodann zweitens, dass das zu stärkende
Vertrauen der Anleger auf der Erwartung beruht, einander gleichgestellt
zu sein.[111] Diese Erwartung, so folgert er drittens, wird enttäuscht, wenn

---

[105] So tatsächlich *Flick/Lorenz*, RIW 2010, 381.
[106] Statt aller *Klöhn* (Fn. 40) § 14 Rn. 129 ff., 162 ff.
[107] Exemplarisch *Flick/Lorenz*, RIW 2010, 381, 385 („geringe praktische
Auswirkung"); *Voß*, BB 2010, 334 („Entwarnung"); *Cascante/Bingel*, NZG 2010,
161, 165 („Änderungen halten sich in Grenzen").
[108] Vgl. Art. 7 Abs. 4 MAR.
[109] Ebenso *Bedkowski/Widder*, BörsenZ v. 6.1.2010, S. 19; *Ransiek*, wistra
2011, 1, 3 f. („strapaziert die Vernunft"). Gegen das Erfordernis einer gesondert
festzustellenden Kausalität daher schon *Bachmann*, ZHR 172 (2008) 597, 629 und
Pawlik, in: Kölner Kommentar zum WpHG, 1. Aufl. 2007, § 14 Rn. 16 ff., 25 ff.
[110] EuGH, Urt. v. 23.12.2010 – C-45/08 (*Spector*) = EuZW 2010, 227,
Rn. 47.
[111] EuGH, aaO Rn. 47 u. 48.

einzelne Personen sich durch Nutzung nicht-öffentlicher Informationen einen ungerechtfertigten Vorteil verschaffen und den Handel mit Finanzinstrumenten dadurch „in einem falschen Licht erscheinen lassen".[112] Zusammenfassend kann er sodann festhalten:

> „Das wesentliche Merkmal des Insider-Geschäfts liegt somit in dem Umstand, dass aus einer Information ungerechtfertigt ein Vorteil zum Nachteil Dritter gezogen wird, denen diese Information unbekannt ist".[113]

Damit bestätigt sich die bereits zu *Georgakis* gefundene Erkenntnis: Es ist der ungerechtfertigte *Sondervorteil*, der den Kern des Insidervorwurfs ausmacht.

4. Die Rechtssache „*Geltl*" (2012)

Nur am Rande anzusprechen ist das viel diskutierte Urteil in der Rechtssache „*Geltl*", in der nicht der Verbotstatbestand, sondern die Pflicht zur unverzüglichen Bekanntgabe von Insiderinformationen („Ad-hoc-Publizität") im Vordergrund stand.[114] Der EuGH befand dazu, dass bereits Zwischenschritte eines gestreckten Prozesses Insiderinformationen sein können und dass künftige Ereignisse nicht erst dann zur Insiderinformation werden, wenn ihr Eintreten mit hoher Wahrscheinlichkeit zu erwarten ist.[115] Auch diese Aussagen sind vom Gesetzgeber z.T. in die Erwägungsgründe der MAR übernommen worden.[116] Wie sie zu deuten sind, kann hier offen bleiben.

Wichtiger in unserem Kontext sind die Aussagen zum Zweck des Insiderrechts, mit welchen der EuGH seine Entscheidung untermauert. Unter Bezugnahme auf die vorgenannten Urteile sieht er diesen darin,

---

[112] EuGH, aaO Rn. 49 (unter Zitat der Kommissionsbegründung zum Vorschlag einer Marktmissbrauchsrichtlinie).

[113] EuGH, aaO Rn. 52.

[114] Jetzt vorgeschrieben in Art. 17 MAR.

[115] Ersteres war freilich unstreitig und das Zweite entsprach schon zuvor der h.M. Die eigentliche Frage, ob Zwischenschritte ungeachtet der Wahrscheinlichkeit ihres Eintritts Insiderinformationen sind, beantwortet der EuGH in Wahrheit nicht, s. (mit genauer Analyse des Vorlageverfahrens) *Bachmann*, DB 2012, 2206 ff. Wenn das Urteil dennoch allgemein so gelesen wird, als habe der Gerichtshof die Frage bejaht, ist das unschädlich, weil die Aussage in der Sache das Richtige trifft.

[116] Vgl. Erwägungsgrund 16 MAR: „Betreffen Insiderinformationen einen Vorgang, der aus mehreren Schritten besteht, können alle Schritte des Vorgangs wie auch der gesamte Vorgang als Insiderinformation gelten".

das Vertrauen der Anleger in die Integrität der Finanzmärkte zu stärken, welches darauf beruhe, dass die Anleger einander gleichgestellt und vor der unrechtmäßigen Verwendung von Insiderinformationen geschützt seien.[117] Würde man den Begriff der Insiderinformation enger fassen, dann wäre dieser Zweck gefährdet, weil Insider dann zum Nachteil derjenigen, welche die Information nicht kennen, ungerechtfertigten Nutzen daraus ziehen könnten.[118] Mit diesen Aussagen bekräftigt der EuGH die oben beschriebene Zwecksetzung des europäischen Insiderrechts und streicht erneut den Sondervorteil als entscheidendes Element des verbotenen Insidergeschäfts heraus.

5. Gesamtschau der EuGH-Rechtsprechung

In der Gesamtschau lässt der EuGH eine Tendenz erkennen, das Insiderrecht streng auszulegen, ohne sich dabei in die Niederungen dogmatischer oder ökonomischer Kleinarbeit zu begeben. Das ist weder inkonsistent noch konzeptlos,[119] berücksichtigt man einerseits den Umstand, dass es bislang nur um die Auslegung einer Richtlinie (also einer allgemein gehaltenen Vorgabe) ging, andererseits die besondere Rolle, die der EuGH im europäischen Integrationsprozess spielt.[120] Diese Rolle, die sich von derjenigen nationaler Fachgerichte fundamental unterscheidet, tritt klar zutage, wenn man sich in den oben gewürdigten Fällen hypothetisch vergegenwärtigt, welche Signalwirkung anderslautende Urteilsprüche entfaltet hätten. Hätte der EuGH etwa judiziert, dass man die Befugnis zur Weitergabe von Insiderinformationen *nicht* eng verstehen müsse, oder dass das Handelsverbot *nicht* ohne den Nachweis unlauterer Absichten eingreift, hätte er dem europäischen Kapitalmarkt einen Bärendienst erwiesen – dies vor dem Hintergrund, dass die meisten Mitgliedstaaten das Insiderhandelsverbot überhaupt erst auf europäischen Druck eingeführt haben und dass es bis heute keine schlagkräftige europäische Wertpapieraufsicht gibt, die mit der US-amerikanischen SEC auch nur annähernd vergleichbar wäre.

In seinem gleichzeitigen Bemühen um eine sachgerechte Eingrenzung des Insiderrechts orientiert sich der EuGH konsequent an der Zweck-

---

[117] EuGH, Urt. vom 28.6.2012 – Rs. C.19/11 (*Markus Geltl*) = ZIP 2012, 1282, Rn. 33.

[118] EuGH, aaO Rn. 36 u. Rn. 47.

[119] So aber *Klöhm*, ZHR 177 (2013) 349, 366; wie hier *Veil* (Fn. 24) § 13 Rn. 158: „gibt eine klare Marschroute vor".

[120] Dazu aus zivilrechtlicher Sicht *Bachmann*, AcP 2010 (2010) 424, 426 ff.

setzung der MAD. Dabei sieht er, dass nicht jede Verwendung von Insiderinformationen schädlich ist. Er widersteht jedoch dem deutschen Ansinnen, die Ausnahmen auf einen begrifflichen Nenner („Kausalität") zu bringen, wodurch ungewollte Schlupflöcher entstehen können. Stattdessen bleibt das Gericht dem teleologischen Ansatz treu, indem es auch für die Ausnahmen auf den Zweck des Insiderrechts, d.h. auf die Vermeidung von Sondervorteilen, abhebt. Dieser Ansatz ist konsequent und, wie sogleich zu sehen sein wird, ausbaufähig.

IV. Die gebotene Einschränkung des Tatbestandes

Die zentrale Herausforderung bei der Auslegung und Anwendung des Insiderrechts besteht darin, den Insidertatbestand einerseits so zu lesen, dass damit möglichst alle Fälle eingefangen werden, deren Erfassung vom Normzweck geboten ist, ihn andererseits so einzuschränken, dass das Insiderhandelsverbot nicht kontraproduktiv wirkt, indem es Handlungen unterbindet, die für das Funktionieren des Kapitalmarkts notwendig oder wünschenswert sind.[121] Eine Einschränkung ist im Tatbestand des Insiderhandelsverbots selbst angelegt, wenn dieser die „Nutzung" der Information verlangt. Dieses Merkmal würde bedeutungslos, wenn man *jedes* Wertpapiergeschäft eines Insiders unter das Verbot subsumierte. Die entscheidende Frage lautet, wie die im Wortlaut nur angedeutete Einschränkung dogmatisch umgesetzt werden kann.

1. Einschränkung durch subjektive Elemente?

Wie gesehen, halten Teile der deutschen Lehre sowohl am Erfordernis der Kausalität als auch – z.T. damit verbunden, z.T. separat gefordert – am Vorsatzerfordernis fest. Das Kausalitätserfordernis soll sich aus dem Tatbestandsmerkmal der „Nutzung" ergeben, das Vorsatzerfordernis daraus, dass Insiderhandel ein Straftatbestand ist. Beides – Kausalität und Vorsatz – müssten dem Handelnden nachgewiesen werden. Wie gezeigt, ist das erstens mit der Rechtsprechung des EuGH nicht vereinbar und würde, zweitens, das Insiderhandelsverbot faktisch aushöhlen. Dass der Insidertatbestand gleichwohl nicht uferlos wird und auch

---

[121] Vgl. bereits *Cahn*, ZHR 162 (1998) 1, 2 f.; ferner *Assmann* (Fn. 61) § 14 Rn. 28.

nicht zu ad-hoc-Ausnahmen nötigt, sollen die folgenden Überlegungen demonstrieren.

a) Die Kenntnis der Information

Das europäische Insiderhandelsverbot differenziert: Während bei Sekundärinsidern verlangt wird, dass diese „wussten oder hätten wissen müssen", dass es sich um Insiderinformationen handelt (Art. 8 Abs. 4 Satz 2 MAR, Art. 4 MAD), gilt dies, wie der EuGH zutreffend erkannt hat, für Primärinsider nicht. Dies bedeutet nicht, dass das Verbot für Primärinsider an keinerlei subjektive Voraussetzungen anknüpft. Vielmehr greift es nur dann, wenn die betreffenden Personen – gleich ob Primär- oder Sekundärinsider – über Insiderinformation „verfügen" (Art. 8 Abs. 1 MAR, Art. 2 Abs. 1, Art. 4 MAD). „Verfügen" in diesem Sinne kann sinnvollerweise nicht den objektiven Besitz, sondern nur die Kenntnis der betreffenden Information meinen.[122]

Wem also, um ein banales Beispiel zu nehmen, unbemerkt ein Zettel zugesteckt wird, auf dem eine Insiderinformation notiert ist, der verstößt nicht gegen das Verbot, wenn er die betreffenden Aktien kauft oder verkauft, da er nicht über die Insiderinformation „verfügt". Das ist auch sachlich einleuchtend, da er in diesem Fall keinen Sondervorteil erzielt: Macht er mit seiner Transaktion Gewinn, hat er ebenso Glück gehabt wie jeder andere, der ohne Kenntnis der Insiderinformation auf die betreffende Aktie gesetzt hat.

Der deutsche Gesetzgeber hat bei der Umsetzung der MAD das Merkmal des Verfügens in § 14 Abs. 1 Nr. 1 WpHG weggelassen. Im Merkmal des „Verwendens" ist es aber implizit enthalten.[123] Auch nach WpHG liegt also kein Insidergeschäft vor, wenn der Betreffende schon gar keine Kenntnis von der Information hat. Im Schrifttum begründet man das damit, dass es in diesem Fall an der Kausalität fehlt.[124] Solche Begründungsumwege werden mit dem Inkrafttreten der MAR obsolet, welche – wie zuvor schon die MAD – ausdrücklich das „Verfügen über" und damit die Kenntnis der Information verlangt.

---

[122] *Cahn*, Der Konzern 2005, 5, 9 (li.Sp.); *Mennicke* (Fn. 11) § 14 Rn. 18; *Klöhn* (Fn. 40) § 14 Rn. 143.

[123] *Mennicke* (Fn. 11) § 14 Rn. 18.

[124] Vgl. *Assmann* (Fn. 61) § 14 Rn. 29; KMRK-*Schwark/Kruse* (Fn. 61) § 14 WpHG Rn. 19.

b) Die Kenntnis des Insidercharakters der Information

Von der Frage der Kenntnis der Information streng zu unterscheiden ist die Frage, ob der (Primär-)Insider *zusätzlich* wissen muss, dass die ihm bekannte Information den Charakter einer Insiderinformation trägt, namentlich also, ob diese kursrelevant und nicht öffentlich bekannt ist.[125] Nicht wenige Missverständnisse um die Reichweite des Handelsverbots rühren daher, dass diese Unterscheidung im Schrifttum nicht immer präzise genug vorgenommen wird. Hier nun scheiden sich die Geister. Während der EuGH die Frage insofern verneint, als er den Vorsatz – und damit die Kenntnis vom Insidercharakter der Information – bei Primärinsidern vermutet, wird sie vom (deutschen) Schrifttum ganz überwiegend bejaht. Wie bereits ausgeführt, ist die Auffassung des EuGH überzeugend, denn MAD und MAR verzichten bewusst auf den Nachweis einer entsprechenden Kenntnis.[126]

Missverständlich ist hier allerdings der vom EuGH zitierte, aber nicht problematisierte Erwägungsgrund 18 der MAD, welcher als Erwägungsgrund 26 mehr oder weniger unverändert in die MAR übernommen wurde. Darin heißt es:

> „Die Nutzung von Insiderinformationen kann vorliegen, wenn Finanzinstrumente erworben oder veräußert werden *und der Betreffende dabei weiß oder hätte wissen müssen*, dass es sich bei der ihm vorliegenden Information um eine Insider-Information handelt".

Soll diese, unkritisch aus der alten Insiderrichtlinie tradierte Aussage nicht in offenen Widerspruch zur gleichzeitigen Streichung des Vorsatzerfordernisses beim Primärinsider treten, kann sie jedenfalls nicht besagen, dass Insiderhandel *nur* bei Kenntnis des Insidercharakters der Information vorliegt, wogegen auch die Verwendung des Wortes „kann" spricht. Besagt werden soll vielmehr, dass nicht jeder, der die betreffende Kenntnis hat, damit *automatisch* gegen das Verbot verstößt.[127] Wenn der Erwägungsgrund fortfährt, dass die zuständigen Behörden von dem ausgehen sollten, „was eine normale, vernünftige Person unter den gegebenen Umständen wusste oder hätte wissen müssen", stützt das die Lösung des EuGH, den Vorsatz wenigstens zu vermuten.

---

[125] Die Notwendigkeit dieser Unterscheidung betont zutreffend *Cahn*, Der Konzern 2005, 5, 10 Fn. 46.

[126] S.o. bei Fn. 95 und Fn. 96.

[127] Dies kam in der MAD deutlicher zum Ausdruck, in der diese Aussage im Zusammenhang mit der Ausnahme für Market Maker Erwähnung fand.

c) Schuldprinzip und „gespaltene" Auslegung

Soweit das deutsche Schrifttum unter Hinweis auf strafrechtliche Grundsätze weiter behauptet, dass der Tatbestand des Insiderhandels nur bei nachzuweisender Kenntnis von der Insidereigenschaft der Information erfüllt sei, beruht das auf einer unzulässigen Verquickung des Verbotstatbestandes mit seinen strafrechtlichen Konsequenzen.[128] Schon äußerlich waren Verbot (§ 14 WpHG) und Straftatbestand (§ 38 WpHG) im deutschen Recht aber stets klar getrennt. Daran hat sich im neuen europäischen Insiderrecht nichts geändert, im Gegenteil: Die MAR legt allein den (objektiven) Verbotstatbestand fest, während die strafrechtlichen Sanktionen nach den Vorgaben der MAD-Crim. von den Mitgliedstaaten fixiert werden. Diese Vorgaben gestatten es, nur vorsätzlich begangene Verstöße als Straftat zu ahnden und stehen daher mit dem Schuldprinzip in Einklang.

Ein Geschäft unabhängig vom Verschulden des Handelnden zu verbieten ist auch nichts Ungewöhnliches, wie der Blick auf das dem Kapitalmarktrecht wesensverwandte Wettbewerbsrecht zeigt.[129] Dort sind unlautere bzw. wettbewerbsbeschränkende Praktiken seit jeher objektiv verboten (vgl. Art. 101, 102 AEUV), und nur besondere Sanktionen (Schadensersatzpflicht, Gewinnabschöpfung, Geldbuße, Strafe) setzen einen vorsätzlich oder fahrlässig begangenen Verstoß voraus.[130] Das objektive Verbot verliert dadurch, dass man es von den erwähnten Sanktionen separiert, nicht seinen Sinn. Denn es sind diverse Möglichkeiten denkbar, verbotenes Verhalten auch ohne Schuld zu ahnden, etwa Versagung des Rechtsschutzes durch Nichtigkeit (§ 134 BGB), Beseitigungs- und Unterlassungsanordnung (§ 1004 BGB) oder Herausgabe des Erlangten (§ 812 BGB). Hinzu gesellt sich eine Palette verwaltungsrechtlicher Maßnahmen, wie sie ebenfalls aus dem Wettbewerbsrecht sowie allgemein aus dem Wirtschaftsverwaltungsrecht vertraut sind und für das Insiderrecht in der MAR anschaulich aufgelistet werden.

Zutreffend wäre die deutsche Sichtweise nur, wenn der Umstand, dass Insiderhandel *auch* eine Straftat darstellt, dazu nötigte, den *gesamten* Insidertatbestand nach strafrechtlichen Kriterien auszulegen. So wird es in der

---

[128] In den Kommentierungen zum WpHG zeigt sich dies daran, dass der „subjektive Tatbestand" des § 14 WpHG einfach aus § 38 WpHG übernommen wird, vgl. *Assmann* (Fn. 61) § 14 Rn. 56; *Mennicke* (Fn. 11) § 14 Rn. 170; *Schwark/Kruse* (Fn. 61) § 14 WpHG Rn. 34; *Klöhn* (Fn. 40) § 14 Rn. 16.

[129] Die Verwandtschaft von Insiderrecht und Wettbewerbsrecht herausarbeitend *Mennicke* (Fn. 24) S. 95 ff.

[130] Vgl. §§ 33 Abs. 2, 34 Abs. 2, 81 GWB, §§ 9, 10 Abs. 1, 16 ff. UWG.

Tat für das Kapitalmarkrecht im Allgemeinen und für das Insiderrecht im Besonderen vertreten. Nach dieser, in einem (unnötigen) obiter dictum vom BGH approbierten Lesart soll eine „gespaltene" Auslegung, die den Ge- oder Verbotstatbestand unterschiedlich interpretiert, je nachdem ob es um seine zivil- oder strafrechtliche Seite geht, unzulässig sein.[131] Die Strafbewehrung einer Norm führt danach immer dazu, dass diese eng und am Wortlaut klebend auszulegen ist. Diese Auffassung ist, was hier nicht weiter dargelegt werden kann, verfehlt, jedenfalls nicht vom Postulat der Einheit der Rechtsordnung geboten, welches widersprüchliche, nicht aber divergierende Wertungen der Teilrechtsordnungen untersagt.[132] Mit dem EuGH-Urteil in der Rechtssache *Grøngaard* lässt sie sich nicht belegen.[133] Zwar hatte der EuGH darin ausgeführt, dass die Auslegung des Anwendungsbereichs einer Richtlinie nicht davon abhängen könne, ob sie in einem zivil-, verwaltungs- oder strafrechtlichen Verfahren geltend gemacht werde.[134] Dazu hatte er auf Randnummer 24 des Schlussantrags von Generalanwalt *Maduro* verwiesen. Dieser argumentiert an besagter Stelle aber genau in die gegenteilige Richtung, indem er den Einwand des Betroffenen, die Insiderrichtlinie müsse eng ausgelegt werden, weil sie nach dänischem Recht strafbewehrt sei, mit dem (überzeugenden) Argument zurückweist, die Auslegung der Richtlinie könne nicht davon abhängen, welche Art von Sanktionen das nationale Recht für die Verletzung ihrer Vorgaben vorsehe.[135]

d) Zwischenfazit

Das europäische Insiderhandelsverbot greift für Primärinsider ohne Rücksicht auf den Nachweis des Vorsatzes ein. Erforderlich ist nur, dass der Insider über die Information „verfügte", d.h. sie überhaupt kannte. Ob er sich bei seiner Entscheidung bewusst war, dass die Information

---

[131] Vgl. BGHZ 169, 98, 104 Rn. 17; BGH NZG 2011, 1147 Rn. 33; speziell zum Insiderrecht *Assmann* (Fn. 61) § 14 Rn. 61; inzident auch *Cascante/Bingel*, AG 2009, 894, 897 (Wortlaut des § 14 WpHG wegen Strafbewehrung als Auslegungsgrenze).

[132] *Bachmann*, ZHR 173 (2009) 596, 615 Fn. 88; näher *Schürnbrand*, NZG 2011, 1213 ff.; deutlich *Wilke*, Grenzen einheitlicher Rechtsanwendung von Ver- und Geboten des Wertpapierhandelsgesetzes (WpHG) 2010, 358, 364: „Das Argument einer zwingend einheitlichen Rechtsanwendung wegen einer blankettartigen Sanktionierung durch Straf- und Bußgeldrecht ist nicht haltbar".

[133] So aber *Assmann* (Fn. 61) § 14 Rn. 61.

[134] EuGH, aaO (Fn. 55) Rn. 28.

[135] Vgl. Schlussanträge GA *Poiares Maduro*, Rechtssache Grøngaard und Bank, C-384/02, Slg. I-9941, 9946 Rn. 24.

den Charakter einer Insiderinformation trägt, ist für den objektiven Verbotstatbestand irrelevant. Lediglich für die Strafbarkeit ist es den Mitgliedstaaten gestattet, am Vorsatzerfordernis festzuhalten. Wenn der EuGH im Rahmen der EMRK die Widerlegung der Vorsatzvermutung gestattet, hält er damit lediglich einen rechtsstaatlichen Mindeststandard fest.

2. Einschränkung durch „institutionelle" Auslegung (Immanenztheorie)?

Eine zweite Eingrenzungsmöglichkeit besteht darin, sich an die kartellrechtliche Immanenztheorie anzulehnen. Danach sollen Wettbewerbsbeschränkungen, die unabdingbarer Bestandteil sozial erwünschter Institutionen (und diesen damit „immanent") sind, per se nicht unter das Verbot von Wettbewerbsbeschränkungen fallen.[136] Im Kapitalmarktrecht will man diesen Gedanken insbesondere für die Kollision verbandsrechtlicher mit kapitalmarktrechtlichen Wertungen fruchtbar machen und dadurch diverse M&A-Praktiken gegen den Zugriff des Insiderrechts immunisieren.[137]

Wie der kartellrechtlichen Immanenztheorie so ist auch ihrer kapitalmarktrechtlichen Variante nicht ohne Sympathie zu begegnen. In der Tat ist es nicht wünschenswert, dass etablierte und sozial wertvolle Institutionen von einem allzu fundamentalistisch verstandenen Gesetz zerstört werden.[138] Namentlich die in den Erwägungsgründen von MAD und MAR genannten und vom EuGH betonten Ausnahmen für Market Maker oder Börsenmakler legen es nahe, derartige Institutionen auch im Kapitalmarktrecht einem pauschalen „Artenschutz" zu unterstellen. Damit werden aber zugleich die Bedenken deutlich, die es m.E. gebieten, gegenüber der Immanenztheorie auch im Kapitalmarktrecht Abstand zu wahren. Oft zeigt nämlich der zweite Blick, dass etablierte Institutionen oder Praktiken mit Blick auf das Regelungsziel des Wettbewerbs- oder

---

[136] Vgl. dazu nur *Zimmer*, in: Immenga/Mestmäcker (Hrsg.) GWB, 5. Aufl. 2012, § 1 Rn. 175 f.

[137] So namentlich *Assmann*, ZHR 172 (2008) 635, 642, der dies als „funktional-institutionelle" Auslegung bezeichnet; dem folgend *Nietsch*, ZHR 174 (2010) 556, 583 f., der aber klar die Probleme dieser Sichtweise erkennt: „Nicht zu bestreiten ist dabei freilich, dass man hierbei einer Funktionsbedingung, im Insiderrecht der Marktintegrität, zugunsten einer anderen Funktionsbedingung, etwa der Ermöglichung einer bestimmten Transaktionsart, den Nachrang gibt".

[138] Vgl. dazu auch *Bachmann*, Private Ordnung, 2006, S. 155 f. mwN.

Kapitalmarktrechts doch nicht sozial so uneingeschränkt erwünscht sind, wie es zunächst scheinen mag. Dies spricht dafür, das Regelungsziel des Wettbewerbs- oder Kapitalmarktrechts nicht zu früh auszublenden, sondern im Rahmen einer teleologischen, für Reduktion oder Abwägung im Einzelfall durchaus offenen Normanwendung zu einer Lösung zu gelangen.[139]

3. Einschränkung durch Kausalitätserfordernis?

a) Das Kausalitätserfordernis der h.M.

Die h.M. in Deutschland will die gebotene Eingrenzung des Insidertatbestands dadurch vornehmen, dass sie eine *Kausalbeziehung* von Insiderinformation und Insidergeschäft verlangt. Die „Nutzung" einer Insiderinformation soll demgemäß nur dann vorliegen, wenn die Insiderinformation wenigstens mitursächlich für die Transaktion war.[140] War der über die Insiderinformation Verfügende dagegen schon vor der Kenntniserlangung fest entschlossen, die Transaktion vorzunehmen („omnimodo facturus"), dann fehle es an solcher Kausalität, weshalb kein verbotenes Insidergeschäft vorliege.[141] Dies soll auch nach der *Spector*-Entscheidung des EuGH unverändert so gelten.[142]

---

[139] Für Vorrang der teleologischen Auslegung im Insiderrecht daher *Bachmann*, ZHR 172 (2008) 597, 601; im Ergebnis auch *Nietsch*, ZHR 174 (2010) 556, 583 f.

[140] *Assmann* (Fn. 61) § 14 Rn. 25; *Mennicke* (Fn. 11) § 14 Rn. 55; *Schäfer* in: Schäfer/Hamann (Hrsg.) Kapitalmarktgesetze, 2. Aufl. 2013, § 14 WpHG Rn. 7; *Schwark/Kruse* (Fn. 61) § 14 WpHG Rn. 16; *Buck-Heeb*, Kapitalmarktrecht, 7. Aufl. 2014, Rn 297; *Lenenbach* (Fn. 63) Rn. 13.140 f.; *Cahn*, Der Konzern 2005, 5, 9; Handelsrechtsausschuss des DAV, NZG 2004, 703, 704; *Schlitt/Schäfer*, AG 2004, 346, 354; *Fromm-Russenschuck/Banerjea*, BB 2004, 2425, 2426 f.; *Speier*, Insiderhandel und Ad-hoc-Publizität nach Anlegerschutzverbesserungsgesetz, 2009, S. 86.

[141] Die Figur des *omnimodo facturus* ist dem Strafrecht entlehnt: Der zur konkreten Tat schon fest Entschlossene kann nicht mehr angestiftet werden. Möglich ist aber psychische Beihilfe etwa durch Bestärken des Tatvorsatzes, s. nur *Wessels/Beulke*, Strafrecht Allgemeiner Teil, 38. Aufl. 2008, Rn. 569.

[142] So explizit *Assmann* (Fn. 61) § 14 Rn. 61a; *Gehrmann* (Fn. 88) Rn. 500; *Veil* (Fn. 24) § 13 Rn. 101; *Seibt/Wollenschläger*, AG 2014, 593, 598. Keine Preisgabe des Kausalitätserfordernisses (sondern allenfalls dessen Vermutung) auch bei *Klöhn* (Fn. 40) § 14 Rn. 153 ff. und *Altenhain*, in: Kölner Kommentar zum WpHG, 2. Aufl. 2014, § 38 Rn. 39 ff.

Mit dem Kausalitätskriterium will man sowohl den gestreckten Anteilserwerb, der nach einem vorgefassten Plan erfolgt (sog. Master-Plan-Ausnahme) als auch den Erwerb nach vollzogener Due-Diligence trotz zwischenzeitlich bekannt gewordener Insiderinformation aus dem Handelsverbot herausnehmen.[143] Anders liege es nur, wenn die Erlangung der Insiderinformation vom Handelnden zum Anlass genommen wird, zusätzliche Geschäfte zu tätigen, die er ohne die Information nicht getätigt hätte (sog. Alongside-Geschäfte).[144] An diesen, die bisherige Transaktionspraxis prägenden Leitlinien hat sich nach beinahe einhelliger Meinung durch „Spector" nichts geändert. Empfohlen wird lediglich, dass der schon vorgefasste Plan hinreichend dokumentiert wird, um der vom EuGH postulierten Vermutungswirkung sicher zu begegnen.

b) Die Begründung des Kausalitätserfordernisses

Ungeachtet der Frage, ob die Kausalitätslehre mit der *Spector*-Entscheidung des EuGH vereinbar ist, stellt sich die Frage, wo sie im geltenden Recht ihre Grundlage findet.

aa) Wortlaut

Zum Teil wird die Ansicht vertreten, das Kausalitätserfordernis ergebe sich bereits aus dem *Wortlaut* des Verbots („unter Nutzung"), der wegen des strafrechtlichen Bestimmtheitsgrundsatzes zudem nicht überschritten werden dürfe.[145] In der Tat verlangt Art. 2 MAD / Art. 7 MAR, dass die Insiderinformation genutzt worden sein muss und bringt damit zum Ausdruck, dass die bloße Kenntnis der Insiderinformation nicht genügt. Nicht hingegen spricht das Wort „Nutzung" zwingend das Erfordernis einer Kausalverbindung aus. Wie insbesondere die englische („*by acquiring*"), aber auch die französische Fassung („*en fait usage*") der MAD/MAR demonstriert, lässt es sich auch zwanglos als

---

[143] Statt vieler *Viciano-Gofferje/Cascante*, NZG 2012, 968, 977 mwN.

[144] Selbst dies noch billigend *Seibt/Wollenschläger*, AG 2014, 593, 568; anders zu Recht die BaFin-Praxis.

[145] So *Schwark/Kruse* (Fn. 61) § 14 WpHG Rn. 16; *Gehrmann*, ZBB 2010, 48, 50: „Angesichts des Wortlauts de lege lata gar nicht anders zu interpretieren"; *Cascante/Bingel*, AG 2009, 894, 897; *dies.* NZG 2010, 161, 163; *Langenbucher/Brenner/Gellings*, BKR 2010, 133, 134; s. auch GA *Kokott*, Schlussanträge, EuGH Slg. 2009, I-12073, Rn. 46: „Nutzen" einer Information liege nach dem natürlichen Sprachgebrauch erst dann vor, wenn die Kenntnis der Information in ein Handeln einfließe.

eine Art Oberbegriff für das Erwerben und Veräußern verstehen.[146] Der im Gesetzgebungsverfahren der MAR unterbreitete Vorschlag, das Kausalitätserfordernis ausdrücklich im Verordnungstext zu normieren, wurde jedenfalls nicht verwirklicht.[147] Was Art. 103 Abs. 2 GG betrifft, der eine strikte Wortlautorientierung gebietet, kann dieser jenseits des Strafrechts keine Geltung beanspruchen. Der Wortlaut reicht damit nicht, um ein Kausalitätserfordernis zu etablieren.

bb) Systematik

Eher stillschweigend lesen viele das Kausalitätserfordernis in das Merkmal „Nutzung" hinein, weil sie das „verfügen über" nicht nur im Sinne einer Kenntnis von der Insiderinformation, sondern zugleich im Sinne einer Kenntnis vom Insidercharakter der Information deuten.[148] Bei diesem Verständnis drängt sich in der Tat auf, dass das Merkmal „Nutzung" irgendein „Mehr", und zwar eben in Form der Kausalität, verlangt. Wie oben schon gesagt, muss aber zwischen beiden Stufen der Kenntnis gedanklich klar unterschieden werden.[149] „Verfügen" besagt nur, dass der Handelnde Kenntnis von der Information haben muss, nicht hingegen, dass er auch um deren Insidercharakter weiß. Diese zusätzliche Kenntnis könnte das Gesetz mit der „Nutzung" ansprechen, womit das Merkmal „Nutzung" auch bei Verzicht auf einen nachgewiesenen Kausalnexus nicht funktionslos wäre.

Das Missverständnis, „Nutzung" ohne Umschweife mit Kausalität gleichzusetzen, dürfte seine Ursache in der unvermittelten Rezeption der amerikanischen „use vs. possession"-Debatte haben.[150] „Use" steht dort für ein Modell, welches für das Eingreifen des Verbots Kausalität verlangt, während „possession" die Kenntnis der Insiderinformation (einschließlich ihres Charakters als solcher) genügen lässt. Vordergründig scheint das

---

[146] Dies einräumend auch GA *Kokott* (Fn. 145) Rn. 48 f. In der englischen Fassung heißt es wörtlich: „Insider dealing arises where a person possesses inside information and uses that information by acquiring or disposing of [...] financial instruments".

[147] Der Formulierungsvorschlag lautete: „A person possessing inside information may be deemed not to have used that information (…) when that person adequately demonstrates that they [sic!] have not used or been influenced by inside information when deciding to acquiring or disposing of financial instruments to which the information relates" (Art. 7a (5) (c) Presidency Compromise v. 4.7.2012, 12182/12).

[148] Exemplarisch *Klöhn* (Fn. 40) § 14 Rn. 143 ff.

[149] S.o. IV. 1.b. (S. 39).

[150] Dazu *Klöhn* (Fn. 404) § 14 Rn. 6 ff.; *Langenbucher*, CMLJ 5 (2010) 452 ff.

europäische Recht dem erstgenannten Konzept zu folgen, weil es ja die „Nutzung" erfordert, doch folgt aus dieser Wortwahl, wie gesehen, eben nicht zwingend, dass damit auch Kausalität gemeint wäre. Unterstellt man mit dem EuGH beim Primärinsider die „Nutzung", steht das europäische Insiderrecht näher am *„possession"*-Ansatz, was teleologisch konsequent ist, sorgt dieser Ansatz doch besser für die von MAD und MAR erstrebte informationelle Chancengleichheit.[151] Der Einwand, dass dann die Verwendung von Insiderinformationen durch *unterlassenen* Erwerb gleichfalls verboten sein müsste, lässt sich nach der MAR wenigstens partiell parieren. Denn das Stornieren von Ordern kann gem. Art. 8 Abs. 1 Satz 2 MAR ein verbotenes Insidergeschäft sein.

Schließlich kann aus der mit der MAR neu eingeführten geschlossenen Handelsperiode, während derer Führungskräfte überhaupt keine Geschäfte in Aktien ihrer Gesellschaft tätigen dürfen (Art. 19 Abs. 11 MAR), nicht gefolgert werden, dass im Übrigen Kausalität erforderlich sein muss. Zwar setzt Art. 19 Abs. 1 MAR in der Tat keinerlei kausale Verknüpfung voraus, doch steht einem Umkehrschluss entgegen, dass die Norm schon gar nicht das Vorhandensein oder die Kenntnis von Insiderinformationen fordert, womit sie ganz unabhängig vom Verständnis des Insiderhandelsverbots in jedem Fall über dieses hinausgeht.

cc) Materialien

Zum Teil wird das Kausalitätserfordernis den Gesetzesmaterialien zum Anlegerschutzverbesserungsgesetz (AnSchVG) entnommen, mit dem der deutsche Gesetzgeber die MAD umgesetzt hat.[152] Dort heißt es, der Täter müsse, um den Tatbestand des Insiderhandels zu erfüllen, die Insiderinformation in sein Handeln „mit einfließen lassen".[153] Die Wendung vom Mit-Einfließen-Lassen, mit der eine Art Mitursächlichkeit gemeint ist, hat ebenso Eingang in den Emittentenleitfaden der BaFin wie in die Kommentarliteratur gefunden und ist auch von Generalanwältin *Kokott* in ihrem Schlussantrag zur Rs. *Photo Spector* aufgegriffen worden.[154] Mit ihr bringt der Gesetzgeber des WpHG seine Ansicht zum Ausdruck, wonach die Ersetzung der Worte „Ausnutzung in Kenntnis" durch das Wort „Nutzung" in der MAD nur den Verzicht auf ein finales Element

---

[151] Das räumen auch Kritiker des *possession*-Ansatzes ein, s. *Klöhn* (Fn. 40) § 14 Rn. 73 f.

[152] Etwa *Cahn*, Der Konzern 2005, 5, 9; Handelsrechtsausschuss des DAV, NZG 2004, 703, 704; *Ziemons*, NZG 2004, 537, 539; *Speier* (Fn. 136) S. 86.

[153] BT-Drucks. 15/3174, S. 34.

[154] Emittentenleitfaden, Zif. III.2.2.1.2 (S. 36) und Zif. III.2.2.1.4 (S. 37).

in Gestalt einer Gewinnerzielungsabsicht, nicht jedoch den Verzicht auf das kausale Element insgesamt bedingt.

Doch abgesehen davon, dass der EuGH dieser Argumentation augenscheinlich nicht gefolgt ist, ist sie für das neue europäische Insiderrecht unbehelflich, da die deutschen Umsetzungsnormen und damit auch die sie tragenden Erwägungen des deutschen Gesetzgebers mit Erlass der MAR hinfällig geworden sind. Schaut man in die Materialien zur MAR, zeigt sich, dass (nachgewiesene) Kausalität gerade kein Erfordernis für das Eingreifen des Handelsverbotes ist. Eine zunächst vorgesehene Passage, derzufolge eine Person keine Insiderinformationen „nutzt", wenn sie nachweist, dass ihre Kauf- oder Verkaufsentscheidung nicht von der Insiderinformation beeinflusst worden ist, wurde wieder gestrichen.[155] Stattdessen blieb es bei der in die Erwägungsgründe aufgenommenen Aussage, die „Nutzung" einer Insiderinformation werde vermutet, wenn jemand, der darüber verfüge, eine entsprechende Transaktion tätige.[156] Die MAR formuliert mithin kein Kausalitätserfordernis, sondern übernimmt schlicht die *Spector*-Regel, wonach Primärinsidern zu unterstellen ist, dass sie die ihnen bekannt gewordenen Insiderinformationen bei anschließenden Geschäften nutzen.

dd) Ableitung aus den Ausnahmen

Ferner wird das Kausalitätsgebot aus den Ausnahmen abgeleitet, wie sie in Art. 2 Abs. 3 MAD/Art. 9 MAR oder in verschiedenen Erwägungsgründen normiert sind.[157] So schließt Art. 2 Abs. 3 MAD/Art. 9 Abs. 3 MAR das Insiderverbot für Geschäfte aus, die getätigt wurden, um einer fällig gewordenen Verpflichtung zum Erwerb oder zur Veräußerung von Finanzinstrumenten nachzukommen, wenn diese Verpflichtung auf einer Vereinbarung beruht, die geschlossen wurde, bevor die betreffende Person die Insiderinformation erhalten hat. Erwägungsgrund 30 MAD/31 MAR sieht vor, dass die Umsetzung der eigenen Entscheidung zum Erwerb oder zur Veräußerung von Finanzinstrumenten, wiewohl sie den Charakter einer Insiderinformation tragen kann, als solche keine Verwendung einer Insiderinformation ist. In beiden Fällen, so lässt sich argumentieren, fehlt es an der Ursächlichkeit zwischen Insiderinformation und getätigtem Geschäft, was zu bestätigen scheint, dass es grundsätzlich auf ein solches Erfordernis ankommt.

---

[155] Vgl. Art. 7a Abs. 5 c MAR-Entwurf (*Presidency Compromise* v. 11. Juni 2012).
[156] Erwägungsgrund 24 MAR.
[157] So z.B. *Mennicke* (Fn. 11) § 14 Rn. 53; s.a. GA *Kokott* (Fn. 145) Rn. 62 ff.

48

Zwingend ist dieser Schluss nicht. So ist es nicht ausgeschlossen, dass die Vornahme des Erfüllungsgeschäfts durch die erlangte Insiderinformation wenigstens mit motiviert wird, was nach h.M., die ein „Einfließenlassen" genügen lässt, ausreicht. Entsprechendes lässt sich für den eigenen Entschluss sagen: *Weil* ich mich entschieden habe, Papiere zu kaufen, kaufe ich diese auch. Jedenfalls lassen sich diese Ausnahmen auch anders fundieren, indem auf den Sondervorteil abgestellt wird, der in beiden Fällen fehlt.

ee) Teleologische Begründung

Schließlich will man das Kausalitätserfordernis mit *teleologischen* Überlegungen begründen. So argumentiert *Langenbucher*, dass der EuGH mit dem Vorsatzverzicht eine gebotene Eingrenzung aufgebe, was er dann dadurch auffangen müsse, dass er auf die Gleichbehandlung und damit letztlich auf ein Fairnesskriterium abstellt. Als unfair seien aber nur solche Transaktionen anzusehen, bei denen das Wissen um den Insidercharakter einer Information wenigstens mitursächlich für die Transaktion sei.[158] Ganz ähnlich *Nietsch*: Der EuGH hebe auf den Zweck der MAD ab, das Anlegervertrauen zu stärken. Dieses werde durch Insidergeschäfte aber nur dann gefährdet, wenn der Insider nicht nur objektiv einen Vorteil erziele, sondern diesen auch anstrebe.[159] Im Kausalitätserfordernis komme daher nur der notwendige und vom EuGH indirekt auch anerkannte Grund dafür zum Ausdruck, warum eine Transaktion zu Vertrauensverlusten am Markt führe.[160]

Diese Überlegungen weisen den richtigen Weg. Nicht nur nach den allgemeinen Grundsätzen der (europäischen) Methodenlehre, welche der teleologischen Auslegung einen besonderen Rang einräumt, sondern auch und gerade vor dem Hintergrund der betont teleologisch basierten EuGH-Judikate zum Insiderrecht ist es überzeugend, die Zwecksetzung des europäischen Insiderhandelsverbots zum Angelpunkt seiner Interpretation zu machen. Damit ist aber auch der entscheidende Kritikpunkt berührt: Wenn die Vermeidung unfairer Sondervorteile das maßgebliche Ziel des Insiderrechts ist, warum sollte es dann erst über den Umweg

---

[158] Vgl. *Langenbucher*, CMLJ 5 (2010) 452, 468.
[159] *Nietsch*, ZHR 174 (2010) 556, 571 f.; ähnlich *Assmann* (Fn. 61), § 14 Rn. 27 (Kausalitätserfordernis als Ausdruck des Regelungsanliegens des Insiderrechts, die Erzielung von Sondervorteilen zu unterbinden und das Vertrauen in die Integrität der Märkte zu sichern); *Mennicke* (Fn. 11) § 14 Rn. 57.
[160] *Nietsch*, ZHR 174 (2010) 556, 569, 572.

eines Kausalitätserfordernisses zum Tragen kommen, anstatt offen und unbefangen adressiert zu werden?

c) Kritik des Kausalitätserfordernisses

Verbirgt man die Zielsetzung des Insiderhandelsverbots im Tatbestandsmerkmal „Kausalität", kommt diese nur noch mittelbar zum Tragen. Dadurch entsteht die Gefahr, dass einerseits zu wenige, andererseits zu viele Sachverhalte von dem Verbot umfasst werden, was den Rechtsanwender dazu nötigt, im kritischen Fall teleologisch nachzujustieren.[161] Dass das Kausalitätserfordernis hinter den Zielsetzungen von MAD/MAR zurückbleiben kann, zeigt sich insbesondere, wenn man nur geringe Anforderungen an die Widerlegung des Kausalzusammenhangs stellt oder gar seinen Nachweis verlangt. Denn das Vertrauen der Anleger in die Integrität des Marktes wird nicht erst durch handfeste Insidergeschäfte erschüttert, bei denen ein (nachgewiesener) Kausalitätszusammenhang besteht. Ein Vertrauensverlust beim breiten Publikum tritt vielmehr auch dann ein, wenn sich dort der Eindruck verfestigt, dass bestimmte Personen, die dem Emittenten nahe stehen, Vorteile erzielen, die dem gemeinen Mann verwehrt sind. Hat – um ein kapitalmarktfernes Alltagsbeispiel zu bemühen – der Schwager des Vereinsbosses doch noch Tickets für ein ausverkauftes Schlagerspiel bekommen, dann erscheint dies, mit den plastischen Worten des EuGH gesprochen, auch dann „in einem falschen Licht", wenn die Beteiligten tausendfach beteuern, dies habe rein gar nichts mit ihrer verwandtschaftlichen Beziehung zu tun.

Umgekehrt kann das Kausalitätserfordernis zu weit schießen, denn es sind Transaktionen denkbar, bei denen die Kenntnis der Insiderinformation zwar irgendwie in den Handelsentschluss „miteinfließt", der Markt sie aber gleichwohl nicht als anrüchig empfindet.[162] Wer gleichwohl am Kausalitätserfordernis festhält, muss daher entweder subtile Überlegungen anstellen, wie viel „Mit-Einfließen" denn schädlich ist, oder er greift zum Strohhalm der Ausnahmetatbestände. Die Ausnahmetatbestände lassen sich aber nur dann in das Modell des Insiderhandelsverbots integrieren und verlässlich interpretieren, wenn klar ist, *warum* das Verbot trotz möglicher Kausalität nicht greifen soll. Kausalitätsanhänger greifen hier auf das Zusatzkriterium des (ungerechtfertigten) Sondervorteils zurück. Richtigerweise, und das ist die nachfolgend zu untermauernde These,

---

[161] Vgl. *Pawlik*, in: Kölner Kommentar zum WpHG, 1. Aufl. 2007, § 14 Rn. 17, 19; explizit auch GA *Kokott* (Fn. 145) Rn. 59; *Cascante/Bingel*, AG 2009, 894, 897.

[162] Vgl. dazu die Beispiele bei *Klöhn* (Fn. 40) § 14 Rn. 166 ff.

sollte das Kausalitätskriterium fallen gelassen und stattdessen darauf abgestellt werden, ob derjenige, der im Besitz einer Insiderinformation ist, daraus Vorteile erlangt, die aus Sicht des Marktes unverdient und insofern anstößig sind.

4. „Nutzung" als Erzielen eines Sondervorteils

a) Die These und ihre Begründung

Soweit die Literatur das Kriterium des Sondervorteils bemüht, will sie dieses *zusätzlich* zu dem Kausalitätserfordernis heranziehen.[163] Damit sollen Konstellationen legalisiert werden, wie sie im *Georgakis*-Fall vorlagen, also sog. *face-to-face*-Transaktionen, bei denen beide Beteiligte über den gleichen Informationsstand verfügen.[164] Das Ergebnis überzeugt: Weil bei gleichem Informationsstand weder Käufer noch Verkäufer einen Sondervorteil erzielen können, sind die oben beschriebenen Zwecke des Insiderhandelsverbots nicht tangiert. Nur: Um zu diesem Ergebnis zu gelangen, muss kein *zusätzliches* Merkmal bemüht werden, ist vielmehr das vermeintliche Extra-Merkmal „Sondervorteil" *an die Stelle* desjenigen der Kausalität zu setzen. Wenn jemand aus einem Wertpapiergeschäft also keinen Vorteil gegenüber anderen Marktteilnehmern erlangt oder dieser Vorteil aus deren Sicht „verdient" ist, dann liegt kein „Sondervorteil" und *damit* keine verbotene „Nutzung" einer Insiderinformation vor.[165]

Folgt man diesem Weg, werden flexible Lösungen ermöglicht, in die sich die meisten Ergebnisse, welche die herrschende deutsche Lesart mit dem Merkmal „Kausalität" produziert, mühelos und ohne dogmatischen Umweg einpassen lassen. Der in den Erwägungsgründen der MAR als

---

[163] Deutlich etwa *Nietsch*, ZHR 174 (2010) 556, 584: „zweiter Schritt". Prüfungstechnisch entspricht das dem strafrechtlichen Erfolgsdelikt, bei dem zunächst die Kausalität festzustellen und sodann eine wertende Einschränkung („objektive Zurechnung") vorzunehmen ist, s. *Wessels/Beulke* (Fn. 141) Rn. 154 f.

[164] Vgl. z.B. *Bussian*, WM 2011, 8 ff.; *Seibt/Wollenschläger*, AG 2014, 593, 598.

[165] Ähnlich jetzt *Klöhn* (Fn. 40) § 14 Rn. 157 f., der die Testfrage stellt, ob von dem konkreten Geschäft eine negative Anreizwirkung auf Informationshändler ausgeht. Diese (hier so genannte) „Anreizthese" hat mit dem im Text vorgestellten Ansatz gemein, dass sie ein Gesamtkonzept des verbotenen Insiderhandels anstrebt. Im Unterschied zur ihr ist die hier vertretene „Sondervorteilsthese" aber weiter, weil sie nicht auf *konkrete* Nachteile für eine *bestimmte* Form von Anlegern, sondern auf das Zutrauen *aller* Anleger in die Sauberkeit des Kapitalmarktes *insgesamt* abhebt. Das entspricht der Teleologie der MAR (s. dazu oben, II.3.b) S. 19 f.).

Charakteristikum verbotenen Insiderhandels hervorgehobene „unfaire Vorteil" wird so unmittelbar zum Tragen gebracht, was zugleich die europarechtskonformere und damit dem Verordnungscharakter der MAR gemäßere Lesart ist. Die Vagheit dieses Kriterium ist kein Einwand, fügt sich vielmehr gut in die Systematik der MAR ein, wonach eine Verletzung des Insiderhandelsverbots – ungeachtet aller Ausnahmetatbestände! – immer dann anzunehmen ist, wenn sich hinter der in Frage stehenden Transaktion ein „rechtswidriger Grund" verbirgt (Art. 9 Abs. 6 MAR). Klarheit für die Praxis kann angesichts dessen ohnehin nicht von der Dogmatik, sondern nur von den Leitlinien der Aufsichtsbehörden erwartet werden.

Wertungsmäßig deckt sich das Abstellen auf einen Sondervorteil mit dem Ansatz des deutschen Bereicherungsrechts, wonach Vermögensvorteile immer dann herauszugeben sind, wenn sie ungerechtfertigt „auf Kosten eines anderen" erlangt wurden. Diese Parallele ist, wie noch zu sehen sein wird, nicht nur für das Verständnis des Tatbestands, sondern auch der Rechtsfolgen des Insiderhandelsverbots von Relevanz. Im Ergebnis wird das Verhältnis von Kausalität und Sondervorteil somit vom Kopf auf die Füße gestellt. Entscheidend für die „Nutzung" ist, ob der Insider sich ungerechtfertigt bereichert hat, wofür die Kausalität einen Anhaltspunkt liefert – nicht umgekehrt.

b) Die „Ausnahmen" als Prüfstein

Um die Tragfähigkeit des hier vorgeschlagenen Ansatzes zu demonstrieren, müssen die schon in der MAD erwähnten und vom EuGH anerkannten, in Art. 9 MAR nun als „legitime Handlungen" zusammengefassten Ausnahmen, bei denen kraft Gesetzes keine „Nutzung" vorliegt, unter die Lupe genommen werden. In der Literatur werden diese bislang eher kasuistisch betrachtet, eine verbindende Klammer will man nicht sehen.[166] Stellt man auf den Sondervorteil ab, lassen sich die Ausnahmetatbestände aber nicht nur gut erklären; es wird vielmehr deutlich, dass es sich in Wahrheit gar nicht um „Ausnahmen" handelt, weil in den genannten Fälle keine „Nutzung" – immer objektiv verstanden als Erzielen eines ungerechtfertigten Sondervorteils – erfolgt.

---

[166] Vgl. *Klöhn*, ECFR 2010, 347, 357, 366, wonach der vom EuGH betonte Gleichbehandlungsgedanke nicht geeignet sei, alle Ausnahmen zu erfassen. Versuch der fallgruppenweisen Zusammenfassung jetzt bei *Klöhn* (Fn. 40) § 14 Rn. 159–174.

aa) Juristische Person

Eine juristische Person, die über Insiderinformationen verfügt, „nutzt"
diese nicht, wenn sie durch organisatorische Vorkehrungen („*chinese
walls*") effektiv sicherstellt, dass die für sie handelnden natürlichen
Personen die Information nicht kennen, und wenn sie diese auch nicht
zum Handeln ermuntert hat.[167] Bei dieser Ausnahme geht es nicht um
fehlende Kausalität, sondern um Zurechnung. Ungeachtet der Frage, ob
die Insiderinformation zur Kenntnis der konkret handelnden natürlichen
Person gelangt, wird deren Handeln für Zwecke des Insiderrechts der
juristischen Person nicht als eigenes zugerechnet. Das ist schlüssig, wenn
der konkret Handelnde die Information dank der getroffenen Vorkehrungen nicht kannte, weil der juristischen Person dann gar kein Vorteil
zufällt. Gelangte die Information dem Handelnden trotz effektiver
Sicherheitsvorkehrungen zur Kenntnis, liegt – haftungsrechtlich gesprochen – ein unabwendbares Ereignis vor, weshalb der der juristischen
Person dadurch zufallende Vorteil nach der (nicht zweifelsfreien, aber
vertretbaren) Wertung der MAR nicht als unfair oder unverdient gilt.

bb) Market-Maker und Börsenmakler

Market-Maker und Börsenmakler mögen mittelbar oder auch unmittelbar durch Wissensvorsprünge Vorteile erzielen. Dennoch sieht die MAR
darin keine unerlaubte Nutzung von Insiderinformationen, solange
dies „rechtmäßig im Zuge der normalen Ausübung ihrer Funktion"
geschieht.[168] Auch dies ist schlüssig, weil die etwa erzielten Vorteile von
den Marktteilnehmern nicht als unlauter angesehen werden. Denn der
Market-Maker verpflichtet sich, auf eigenes Risiko Kauf- und Verkaufs-
aufträge jederzeit anzunehmen und durchzuführen und ist in dieser
Funktion als Liquiditätsspender für den Markt unentbehrlich. Ähnliches
gilt für den Börsenmakler.[169]

cc) Ausführungsgeschäft

Keine Nutzung von Insiderinformationen ist gegeben, wenn das in
Kenntnis einer Insiderinformation getätigte Geschäft lediglich der Er-

---

[167] Art. 9 Abs. 1 MAR.
[168] Art. 9 Abs. 2 MAR.
[169] In diesen Ausnahmen schimmert eine Anerkennung der ökonomischen
Grundsatzkritik durch, wonach das Verbot des Insiderhandels effiziente Märkte
hemmt, indem demjenigen, der für den funktionierenden Markt sorgt, die „Mit-
nahme" von Insidervorteilen gestattet wird.

füllung einer Verpflichtung dient, die vor Kenntnisnahme eingegangen wurde oder entstanden ist.[170] Hier ist besonders augenscheinlich, dass der Handelnde sich ungeachtet etwaiger Kausalitätserwägungen keinen ungerechtfertigten Vorteil verschafft, denn etwaige Vorteile sind schon durch die vorher eingegangene Verpflichtung verdient worden.

dd) Übernahmeangebote

Wurde die Insiderinformation im Zuge eines öffentlichen Übernahmeangebots oder eines Zusammenschlusses erlangt, ist die Nutzung dieser Information gleichwohl legal, wenn dies ausschließlich für Zwecke des Angebots oder des Zusammenschlusses geschieht, vorausgesetzt, dass die betreffende Information zum Zeitpunkt der Annahme des Angebots oder der Genehmigung des Zusammenschlusses öffentlich bekannt war oder auf andere Weise ihren Charakter als Insiderinformation verloren hat.[171] Auch diese „Ausnahme" wird unter dem Gesichtspunkt des Sondervorteils klar, denn der Offerent ist durch das Übernahmerecht gehalten, einen angemessenen Preis zu bieten, und dies verpflichtet ihn, die Insiderinformation einzupreisen, wodurch der Wert der Information mit den Angebotsempfängern geteilt wird. Folgerichtig gestattet die MAR nicht nur die Verwendung der Information durch den Bieter, sondern erlaubt dem Emittenten, sie diesem weiterzugeben. Versteckte Sondervorteile werden dadurch ausgeschlossen, dass die Information zum Ende der Transaktion allen bekannt sein muss.[172] So hatte es übrigens vor Inkrafttreten der MAR – zu Recht – schon die BaFin gesehen.[173]

ee) Eigener Erwerbsentschluss

Der eigene Erwerbsentschluss kann eine Insiderinformation sein.[174] Dass seine Umsetzung gleichwohl keine Nutzung einer solchen darstellt, ist mit Kausalitätserwägungen schwer, mit dem Konzept des Sondervorteils dagegen leicht zu erklären, denn der seine eigene Absicht Ausführende erzielt möglicherweise einen Gewinn, aber eben keinen unverdienten.[175]

---

[170] Art. 9 Abs. 3 MAR.
[171] Art. 9 Abs. 4 MAR.
[172] Vgl. Art. 9 Abs. 4 MAR.
[173] Vgl. Emittentenleitfaden, Zif. III.2.2.1.4.2 (S. 38).
[174] Vgl. EuGH, Urt. v. 10.5.2007 – C-391/04 (*Georgakis*) = EuZW 2007, 572, Rn. 33.
[175] Allerdings kann ein Interesse der Marktöffentlichkeit bestehen, über größere Transaktionspläne rechtzeitig informiert zu werden. Dies ist indes keine Frage des Insiderhandelsverbots, sondern eine solche der Ad-hoc-Publizität und der Beteiligungstransparenz. Falls die Öffentlichkeit über solche Pläne bewusst

Zwar mag es sein, dass den anderen Anlegern dadurch eine Prämie verloren geht. Die Teilnahme an dieser Prämie wäre aber für sie ein Zufallsgeschenk, ist jedenfalls durch andere Mechanismen – namentlich die übernahmerechtliche Publizität und das Pflichtangebot – zu gewährleisten.

ff) Analysen, die aufgrund öffentlicher Angaben erstellt wurden

Wer sich aus öffentlichen Quellen Daten zusammenklaubt und aufgrund der daraus resultierenden Erkenntnisse Transaktionen tätigt, nutzt ebenfalls keine Insiderinformationen. Das stellt die MAR ebenso wie zuvor die MAD in ihren Erwägungsgründen klar.[176] Die Regel ist einleuchtend, denn soweit hier überhaupt eine Insiderinformation vorliegt, beruht deren Ausnutzung auf eigener Leistung und erzeugt daher keinen Sondervorteil.[177]

gg) Handeln „gegen" die Information

Einfach ist der – nicht in den Rechtsakten aufgeführte und wohl auch eher akademische – Fall, dass jemand „gegen" die Insiderinformation handelt, also trotz Kenntnis einer guten Nachricht die Aktien nicht kauft, sondern verkauft und umgekehrt.[178] Lässt die Information nicht erkennen, in welche Richtung sich der Kurs bewegen wird, dürfte es bereits am Vorliegen einer „präzisen" Information und damit an einer Insiderinformation fehlen.[179] Im Übrigen erlangt der Betreffende aus seinem Handeln keinen Vorteil und somit erst recht keinen Sondervorteil.

c) Zwischenfazit

Insgesamt erklärt die Sondervorteilstheorie die Ausnahmen vom Insiderhandelsverbot schlüssiger als die herrschende Kausalitätslehre. Sie ist auch besser mit der Rechtsprechung des EuGH zu vereinbaren, wie sie in die Erwägungsgründe der MAR und damit in das neue Insiderrecht Eingang gefunden hat. Das Kausalitätsmoment behält hiernach nur (aber immerhin) die Funktion eines Indizfaktors.

---

irre geführt wird, kann daneben das Verbot der Marktmanipulation einschlägig sein (Fall Porsche/VW).
[176] Vgl. Erwägungsgrund 28 MAR; zuvor Erwägungsgrund 31 MAD.
[177] *Klöhn*, WM 2014, 537, 539 f.
[178] Vgl. *Langenbucher*, CMLJ 5 (2010) 452, 460.
[179] S.o., Fn. 54 (Rechtssache *Lafonta*).

V. Konsequenzen

1. Konsequenzen für die Sanktionen

Bislang gab das Europäische Insiderrecht den Mitgliedstaaten nur auf, überhaupt Verwaltungssanktionen vorzusehen und stellte ihnen die Verhängung strafrechtlicher Sanktion frei. Nach dem neuen Regime werden die vorzusehenden Verwaltungssanktionen genauer benannt und die Einführung von Straftatbeständen wird verpflichtend. Die bisher gewonnene Erkenntnis, wonach es für die Verwirklichung des Verbotstatbestandes bei Primärinsidern auf Vorsatz und Kausalität nicht ankommt, wirkt sich auch auf das Sanktionsregime aus.

a) Gewinnabschöpfung als zentrale Sanktion

Das deutsche Insiderrecht im WpHG zeichnet sich durch ein wenig originelles Sanktionsmuster aus, das deutlich hinter den weiter ausgefächerten Sanktionsmöglichkeiten des Kartellrechts, aber auch hinter denjenigen ausländischer Rechtsordnungen zurück bleibt.[180] Neben der generalklauselartigen Befugnis der BaFin, Anordnungen zur Beseitigung oder Verhinderung von Missständen zu treffen (§ 4 Abs. 1 Satz 3 WpHG), steht die nicht minder unbestimmte Befugnis, Anordnungen zu treffen, die zur Durchsetzung der Verbote und Gebote des WpHG erforderlich sind (§ 4 Abs. 2 WpHG).[181] Speziell auf Insiderdelikte zugeschnittene Sanktionen sind allein in Gestalt von Straf- und Bußgeldtatbeständen vorgesehen (§§ 38, 39 WpHG). Die Abschöpfung des durch die Tat erlangten Gewinns kann danach mittelbar im Rahmen des Bußgelds bzw. der Geldstrafe erfolgen, oder unmittelbar durch Anordnung des sog. Verfalls (vgl. § 73 StGB, § 29a OWiG).[182] Der Verfall kann auch selbständig angeordnet werden (vgl. § 76a StGB, § 29a Abs. 4 OWiG), doch setzt auch dies den Nachweis einer entsprechenden Anknüpfungstat unter Beachtung der rechtsstaatlichen Grundsätze des Strafverfahrens voraus.

Dieser Sanktionsmechanismus ist unbefriedigend, weil er zu stark auf die strafrechtliche Seite fixiert ist. Ungeachtet der – rechtspolitisch umstrittenen – Frage, ob strafrechtliche Sanktionen überhaupt das

---

[180] Rechtsvergleichend *Veil* (Fn. 24) § 13 Rn. 133 ff.

[181] Diese erweiterte Befugnis wurde erst nachträglich in das WpHG aufgenommen, nachdem Zweifel aufgekommen waren, wie weit die Befugnisse nach § 4 Abs. 1 Satz 3 WpHG reichen.

[182] Vgl. dazu BGH NJW 2010, 882, 884 – Freenet. Zu den Schwierigkeiten bei der Ermittlung des erlangten Sondervorteils s. *Klöhn*, DB 2010, 769, 773 f.

Mittel der Wahl zur Bekämpfung von Insiderdelikten sind,[183] sollte die zentrale Sanktion sich auf das konzentrieren, was den Unrechtsgehalt des Insiderhandels ausmacht, nach dem oben Gesagten also vor allem in der *Abschöpfung* des erzielten *Sondervorteils* bestehen.[184] Weil es sich dabei nicht um eine Strafe, sondern um eine Art bereicherungsrechtliche Rückabwicklung handelt, hat diese Sanktionsform zugleich den Vorteil, nicht in gleicher Weise an die strengen strafrechtlichen Verfahrensvorgaben wie Unschuldsvermutung oder Selbstbelastungsverbot gekoppelt zu sein. Mit den zivilrechtlichen Instrumenten, namentlich Schadensersatzansprüchen, ist die Gewinnabschöpfung nicht zu erreichen, weil diese den kaum zu führenden Nachweis eines individuellen Vermögensnachteils voraussetzen und zudem die gleichfalls kaum vorhandene Initiative eines privaten Klägers erfordern.[185] Zu Recht verlangt die MAR daher jetzt von den Mitgliedstaaten, ihr Sanktionsrepertoire zu erweitern und dabei als Verwaltungssanktion ausdrücklich die Abschöpfung der durch verbotene Insidergeschäfte erzielten Gewinne bzw. vermiedenen Verluste vorzusehen.[186]

Wie der deutsche Gesetzgeber diese Vorgabe umsetzen wird, bleibt abzuwarten. Zu hoffen ist, dass er sich von der engen Ankoppelung an das Straf- und Ordnungswidrigkeitenrecht löst und eigenständige Abschöpfungstatbestände im WpHG installiert.[187] Taugliche Vorbilder dafür liefern insbesondere die wettbewerbsrechtlichen Normen, die eine behördliche Gewinnabschöpfung auch schon bei fahrlässigen Verstößen gestatten (vgl. § 34 Abs. 1 GWB), bei vorsätzlichem Verhalten darüber hinaus eine Verbandsklagebefugnis einräumen (vgl. § 34a GWB, § 10 UWG). Nach kartellrechtlichem Vorbild kommt auch eine Art Kronzeugenregelung in Betracht, wobei allerdings nicht ganz klar ist, inwieweit die MAR es gestattet, dem Kronzeugen den erzielten Sondervorteil

---

[183] Zum Diskussionsstand *Assmann* (Fn. 61) Vor § 12 Rn. 44. Eingehende Diskussion bei *Mennicke* (Fn. 24) S. 463 ff.; jüngst *Trüg* (Fn. 38) S. 183 ff. (für Herabstufung zur Ordnungswidrigkeit).

[184] So bereits *Kirchner*, FS Kitawaga, 1992, S. 665, 665; s. auch schon Arbeitskreis Gesellschaftsrecht (Fn. 37) S. 48, 66, 110 ff.: „Gewinnhaftung"; anerkennend auch *Mennicke* (Fn. 24) S. 525 f.

[185] Vgl. nur *Assmann* (Fn. 61) § 14 WpHG Rn. 205 ff.

[186] Vgl. Art. 30 Abs. 2 b) MAR.

[187] Dafür auch schon *Veil*, ZGR 2005, 155, 176 ff., der damit nach US-amerikanischem Vorbild (Sec. 16 (b) SEA) die unterlassene Meldung von Eigengeschäften (§ 15a WpHG; künftig: Art. 19 MAR) sanktionieren will und den Organen zu diesem Zweck den Einwand fehlender Kausalität abschneiden möchte (ebd., S. 188, 199).

zu belassen.[188] Ungeachtet dieser Umsetzungsfragen verträgt sich die Abschöpfungssanktion jedenfalls ideal mit dem hier herausgestellten Kernelement des europäischen Insiderhandelsverbots: der Erlangung von Sondervorteilen.

b) Strafsanktionen

Das deutsche WpHG sah immer schon die Strafbarkeit des verbotenen Insiderhandels vor und differenzierte dabei zwischen schwereren und leichteren Vergehen.[189] Es folgte damit den Vorschlägen des Arbeitskreises Gesellschaftsrecht, der in der Ausnutzung von Insiderwissen durch Primärinsider eine strafwürdige, weil „sozialethisch verwerfliche Handlungsweise im Vorfeld des Betrugs" sah.[190] Diese Einschätzung wird heute durch die MAD-Crim. bestätigt, welche Verstöße gegen den europäischen Insidertatbestand wenigstens in gravierenden Fällen und bei vorsätzlicher Begehung unter Strafe gestellt wissen will.[191]

Nach der *Spector*-Entscheidung war im deutschen Schrifttum Unsicherheit entstanden, inwieweit die darin ausgesprochene Vermutung vorsätzlichen Handelns für das deutsche Recht verbindlich sei. Die überwiegende Meinung stellte sich auf den Standpunkt, wegen des Schuldprinzips müsse dem Beschuldigten in Deutschland weiterhin vorsätzliches Verhalten nachgewiesen werden.[192] Wie oben dargelegt, unterscheidet die deutsche Lehre nicht hinreichend zwischen dem Verbotstatbestand, für den – wie der EuGH richtig erkannte – außer der Kenntnis der Insiderinformation (= dem „Verfügen über") kein subjektives oder finales Moment erforderlich ist, und dem daran anknüpfenden Straftatbestand. Für letzteren hält die MAD-Crim. ausdrücklich fest, dass die Mitgliedstaaten nur *vorsätzliches* Verhalten unter Strafe stellen müssen.[193] Deutschland kann danach sein bewährtes Regelungsmuster beibehalten, wonach der vorsätzliche Verstoß gegen das Handelsverbot (§ 38 Abs. 1 Nr. 1 WpHG) sowie der von Primärinsidern begangene vorsätzliche Verstoß gegen das Weitergabe- und Empfehlungsverbot (§ 38 Abs. 1 Nr. 2 WpHG) strafbar sind, wobei dieser Vorsatz dem Beschuldigten wie bisher nachzuweisen ist.

---

[188] Nach Art. 27 Abs. 1 (e) kann die Kooperation mit der zuständigen Behörde Art und Umfang der Sanktion beeinflussen, jedoch „ungeachtet des Bedürfnisses, die Gewinnabschöpfung [...] sicherzustellen".

[189] Zur Entwicklung der Straftatbestände oben, II.2. (S. 13 ff.).

[190] Arbeitskreis Gesellschaftsrecht (Fn. 37) S. 50.

[191] Vgl. Art. 3 MAD-Crim.

[192] Nachweise oben bei Fn. 88.

[193] S.o., Fn. 100.

58

Sanktionslücken oder Widersprüche zum europäischen Recht drohen dadurch aus mehreren Gründen nicht. Zum einen nimmt die MAD-Crim. ausführlich auf die in Art. 48 der Europäischen Grundrechtecharta verbürgte Unschuldsvermutung Bezug.[194] Damit bleibt es den Mitgliedstaaten unbenommen, den Strafverfolgungsbehörden den Nachweis vorsätzlichen Verhaltens abzuverlangen. Schutzbehauptungen muss dann im Rahmen der freien Beweiswürdigung (§ 261 StPO) Rechnung getragen werden.[195] Diese hat zwar ihre Grenzen,[196] sollte bei vernünftiger und europarechtskonformer Anwendung aber dazu beitragen, dass offensichtliche Schutzbehauptungen die Verurteilung eines Insiders nicht hindern. Das ist inzwischen auch im deutschen Schrifttum anerkannt.[197] Die auf effiziente Ahndung zielenden Mahnworte des EuGH in der Spector-Entscheidung entfalten damit auch im Strafrecht wenigstens indirekt (nämlich bei der Auslegung und Anwendung von § 261 StPO) ihre Wirkung.

Zum anderen sieht Deutschland die Strafbarkeit oder wenigstens die Verhängung von Geldbußen schon in Fällen *leichtfertigen*, zivilistisch gesprochen also: grob fahrlässigen Verhaltens vor.[198] Das ist und bleibt europarechtlich zulässig, denn die MAD-Crim. gibt insoweit nur einen Mindeststandard vor, steht strengeren Strafrechtsnormen also nicht im Weg.[199] Dem Insider kann es danach zum Verhängnis werden, wenn er sich des Insidercharakters einer Information zwar nicht bewusst war

---

[194] Vgl. Erwägungsgrund 27 MAD-Crim.

[195] *Nietsch*, ZHR 1174 (2010) 556, 577; *Langenbucher/Brenner/Gellings*, BKR 2010, 133, 135.

[196] Vgl. KG StV 2002, 412: Kein bindender Erfahrungssatz, dass Schwarzfahrten vorsätzlich erfolgen.

[197] Vgl. nur *Vogel* (Fn. 21) § 38 Rn. 3 und *Altenhain* (Fn. 138) § 38 Rn. 40: „Erfahrungssatz", dass Primärinsider die ihm bekannte Insiderinformation bei anschließender Transaktion genutzt hat; weitergehend *Ransiek*, wistra 2011, 1, 3, der für eine strafrechtliche Vermutung eintritt, denn dies sei „ehrlicher als das Verstecken der Vermutung unter der Überschrift der freien richterlichen Beweiswürdigung". Gleichsinnig jetzt *Klöhn* (Fn. 40) § 14 Rn. 164 mwN.

[198] Darauf hinweisend auch *Nietsch*, ZHR 174 (2010) 556, 576 f. (mit rechtspolitischen Zweifeln). Hieraus ergibt sich zugleich, dass die *bewusste* Ausnutzung der Insiderinformation de lege lata *nicht* den Unrechtskern des Insiderhandels ausmacht, denn wäre dies so, dürfte leichtfertiges Verhalten nicht unter Bußandrohung stehen.

[199] So ausdrücklich Erwägungsgrund 20 MAD-Crim.: „Da diese Richtlinie Mindestvorschriften enthält, steht es den Mitgliedstaaten frei, strengere strafrechtliche Bestimmungen zum Marktmissbrauch einzuführen oder beizubehalten". Erwägungsgrund 21 MAD-Crim. erwähnt als Beispiel explizit die Strafbarkeit der grob fahrlässigen Marktmanipulation.

(oder das nicht nachweisbar ist), sich ihm dies aber bei gehöriger Sorgfalt hätte aufdrängen müssen. Werden die Straf- und Bußgeldtatbestände schließlich um eine unabhängige Gewinnabschöpfungssanktion erweitert, kann Insiderhandel auch da effektiv begegnet werden, wo der Nachweis subjektiven Fehlverhaltens gänzlich scheitert.

2. Konsequenzen für die Transaktionspraxis

Die Praktiker-Literatur zum Insiderrecht kreist seit jeher um die Frage, unter welchen Umständen M&A-Techniken vom Handelsverbot erfasst bzw. dagegen gefeit sind.[200] In vielen Fällen helfen die oben beschriebenen Ausnahmetatbestände, wie sie bisher in den Erwägungsgründen und neuerdings im Text der MAR selbst enthalten sind.[201] Darüber hinaus versuchte man sich bis zur *Photo-Spector*-Entscheidung mit dem Kausalitätskriterium zu helfen. Relevant wird das namentlich, wenn dem Erwerbswilligen nach Fassung des Erwerbsentschlusses – etwa im Rahmen einer *due diligence* – Insiderinformationen in den Schoß fallen. Die herrschende, am Kausalitätserfordernis festhaltende Lehre will hier mit der Figur des *omnimodo facturus* helfen. Ist der Entschluss zum Erwerb von Aktien danach schon vorher fest gefallen, wird der Erwerb nicht dadurch zum verbotenen Insidergeschäft, dass der Erwerbende nunmehr über Insiderinformationen verfügt, denn diese waren für die Erwerbsentscheidung nicht kausal. Konsequenz der *Spector*-Entscheidung ist, dass Erwerbspläne sorgfältig dokumentiert werden, um die darin ausgesprochene Nutzungsvermutung, die im deutschen Schrifttum als Kausalitätsvermutung verstanden wird, zu entkräften.

Nach der hier vertretenen Sondervorteilstheorie sind M&A-Transaktionen dagegen vorsichtiger zu handhaben. Danach kommt es nicht darauf an, ob die erhaltene Insiderinformation für den Erwerb kausal war, sondern nur darauf, ob dem Erwerber dadurch unverdiente Sondervorteile („*windfall profits*") zufallen. Dann verstößt das Durchziehen der Transaktion zu unveränderten Konditionen gegen das Insiderhandelsverbot. Der ausdrückliche Hinweis in der MAR, wonach sog. *stakebuilding*, also der schrittweise Aufbau einer größeren Beteiligung, nicht per se gegen das Insiderhandelsverbot immun ist,[202] bestätigt diese Sichtweise, denn *stakebuilding* erfolgt typischerweise nach einem vorgefassten Plan.

---

[200] S. dazu (mit Nachweisen) oben, II.3.a. (S. 17).
[201] Dazu im Einzelnen oben, IV.4.b. (S. 51 ff.).
[202] Vgl. Art. 9 Abs. 4 Satz 2 MAR.

Der naheliegende Einwand, dass ein solches „fundamentalistisches" Verständnis den Beteiligungsaufbau zerstört, verfängt bei näherem Hinsehen nicht.[203] Zum einen greift das Insiderhandelsverbot nicht, wenn beide Parteien über denselben Informationsstand verfügen, was beim Paketgeschäft regelmäßig der Fall sei wird.[204] Zum zweiten werden bei einer *due diligence* oftmals gar keine Insiderinformationen zutage treten, weil diese nach § 15 Abs. 1 WpHG (künftig: Art. 17 Abs. 1 MAR) unverzüglich publik zu machen sind. Es kann sich dabei also nur um solche handeln, die ausnahmsweise nach § 15 Abs. 3 WpHG (künftig: Art. 17 Abs. 4 MAR) zurückgehalten werden. Der Emittent, der sie dem Erwerbswilligen zugänglich machen will, muss dann bereit sein, diese Informationen mit allen anderen Marktteilnehmern zu teilen.

Problematisch bleibt danach nur die sog. Insiderfalle, die sich daraus ergibt, dass dem Erwerbsinteressenten ohne sein Zutun Insiderinformationen angetragen werden, die er selber nicht ohne Verstoß gegen das Weitergabeverbot (Art. 14 c) MAR) offenbaren darf, und die ihn an der Umsetzung seiner Erwerbspläne hindern. Hier wird er sich mit dem Emittenten ins Benehmen setzen und diesen zur Publizität veranlassen müssen. Bleibt der Emittent untätig, kann an ein Selbsthilferecht des Erwerbers gedacht werden, dessen Konturen allerdings noch zu entwickeln sind.

VI. Zusammenfassung

1. Das europäische Insiderhandelsverbot ist in den 25 Jahren seiner Existenz konsequent gefestigt und ausgebaut worden. Vorläufiger Schlusspunkt ist die 2014 erfolgte Verabschiedung der *Marktmissbrauchsverordnung* (MAR), welche ab 2016 die bisherigen nationalen Verbotstatbestände ablösen wird. Damit wird einer schon früh erhobenen Forderung Rechnung getragen, durch ein in der gesamten EU unmittelbar geltendes Handelsverbot für ein *level playing field* zu sorgen.

2. Teleologisch beruht das europäische Insiderhandelsverbot auf vier hintereinander geschalteten Zwecken. Unmittelbares Ziel ist (1) die Bekämpfung unverdienter Sondervorteile, die (2) das Vertrauen der Anleger in die Integrität des Kapitalmarkts stärken soll, wodurch (3) die Liquidität dieses Marktes befördert und am Ende (4) mehr Wohlfahrt

---

[203] Vgl. hierzu schon *Bachmann*, ZHR 172 (2008) 597, 628 ff.
[204] S.o., III.2. (zur Rechtssache *Georgakis*); zuletzt *Seibt/Wollenschläger*, AG 2014, 593, 598.

in der Europäischen Union erreicht wird. Das verbreitet als „oberstes Ziel" des europäischen Insiderhandelsverbots genannte Gleichbehandlungsgebot ist dabei nur instrumenteller Natur, weil die Ausschaltung von Sondervorteilen nicht um ihrer selbst willen erfolgt, sondern nur um einer vorhandenen Erwartungshaltung des Kapitalmarktpublikums Rechnung zu tragen.

3. Der Europäische Gerichtshof (EuGH) hat in mehreren Judikaten zur Festigung des europäischen Insiderrechts beigetragen und damit zugleich dessen Konturen geschärft. Dabei hat er sich konsequent an der oben beschriebenen Teleologie orientiert, indem er die effektive Ausschaltung von Sondervorteilen als zentrales Anliegen des Marktmissbrauchsrechts erkannte. Verfügt ein Primärinsider (Vorstand, Beschäftigter etc.) über eine Insiderinformation und tätigt sodann eine entsprechende Transaktion, wird dem EuGH zufolge vermutet, dass er die Information „genutzt" hat. Dass der Betreffende um den Insidercharakter der Information wusste und ihn dieses Wissen zu der Transaktion motiviert hat, wird dabei schlichtweg unterstellt („Spector-Regel"). Diese Regel ist durch die MAR zum Gesetz erhoben worden.

4. Die kapitalmarktrechtliche Dogmatik hinkt dieser Entwicklung hinterher, indem sie das Tatbestandsmerkmal der „Nutzung" weiterhin im Sinne eines Kausalitätserfordernisses versteht. Der Betroffene muss danach durch den Insidercharakter der Information zu der Kauf- oder Verkaufsentscheidung motiviert worden sein, was voraussetzt, dass ihm der Insidercharakter der Information bekannt war. Während manche verlangen, dass beides – Kenntnis vom Insidercharakter und Kausalität – dem Insider nachzuweisen sei, sieht die überwiegende Ansicht die Kausalität als vermutet an, betrachtet diese Vermutung aber als widerleglich.

5. Hier wurde ein anderes Verständnis entwickelt: Legt man das Insiderhandelsverbot zweckbezogen aus, geht es bei der Frage, ob ein über Insiderwissen Verfügender dieses Wissen „genutzt" hat, nicht um Kausalität, sondern darum, ob der Betreffende durch die Transaktion einen unverdienten *Sondervorteil* erzielt. Finale Elemente spielen dafür keine Rolle. Dass der Insider den Insidercharakter der Information kannte, wird beim Primärinsider unterstellt. „Nutzung" verstanden als Erzielen eines Sondervorteils ist also objektiv zu interpretieren.

6. Dieses Verständnis hat Konsequenzen für die Sanktionsseite. Primäre und sachadäquate Sanktion des verbotenen Insidergeschäfts sollte die schuldunabhängige Gewinnabschöpfung sein, mit welcher der erlangte Sondervorteil abgezogen wird. Sie ist im WpHG weiter auszubauen. Für die strafrechtliche Verurteilung ist hingegen weiter der Vorsatznachweis

erforderlich, soweit das nationale Recht nicht – wie es das deutsche Recht tut – Formen der Fahrlässigkeit („Leichtfertigkeit") genügen lässt.

7. Die M&A-Praxis sollte in Zukunft vorsichtiger verfahren und sich nicht auf die überkommene Masterplan-Theorie verlassen. Nach dieser suspendiert ein vorgefasster Entschluss immer und automatisch vom Insiderhandelsverbot. Sollten dem Erwerbsinteressenten während der Transaktion wirklich einmal Insiderinformationen in den Schoß fallen, kann das nach hiesigem Verständnis der MAR durchaus ein Insiderhandelsverbot auslösen. Daher ist vor der Exekution der Transaktion nach Möglichkeit für Publizität der Information zu sorgen.

Schriftenreihe der Juristischen Gesellschaft zu Berlin

Frühere Hefte auf Anfrage
Mitglieder der Gesellschaft erhalten eine Ermäßigung von 40 %

Heft 153: Die Stellung des Kindes nach heterologer Insemination. Von Prof. Dr. JOHANNES HAGER. 23 Seiten. 1997. € 12.95

Heft 154: Deregulierung des Arbeitsrechts — Ansatzpunkte und verfassungsrechtliche Grenzen. Von Prof. Dr. PETER HANAU. 29 Seiten. 1998. € 14.95

Heft 155: Kriminalpolitik an der Schwelle zum 21. Jahrhundert. Von Prof. Dr. Dr. h. c. HANS JOACHIM SCHNEIDER. 64 Seiten. 1998. € 19.95

Heft 156: Religion und Kirche im freiheitlichen Verfassungsstaat. Von Prof. Dr. ALEXANDER HOLLERBACH. 36 Seiten. 1998. € 18.95

Heft 157: Staatliche Informationen als Lenkungsmittel. Von Prof. Dr. MICHAEL KLOEPFER. 37 Seiten. 1998. € 18.95

Heft 158: „Der papierne Wisch". Von Prof. Dr. FRIEDRICH EBEL. 51 Seiten. 1998. € 19.95

Heft 159: Grundrechte und Privatrecht. Von Prof. Dr. Dr. CLAUS-WILHELM CANARIS. 98 Seiten. 1998. € 24.95

Heft 160: Verfassungsrechtsprechung zum Steuerrecht. Von Prof. Dr. KLAUS VOGEL. 23 Seiten. 1998. € 12.95

Heft 161: Die Entdeckung der Menschenrechte. Von Prof. Dr. HASSO HOFMANN. 19 Seiten. 1999. € 9.95

Heft 162: Wege zur Konzentration von Zivilprozessen. Von Prof. Dr. Dr. h. c. DIETER LEIPOLD. 30 Seiten. 1999. € 14.95

Heft 163: Grundrechtsschutz durch Landesverfassungsgerichte. Von Prof. Dr. HORST DREIER. 39 Seiten. 2000. € 19.95

Heft 164: Das Grundgesetz im europäischen Verfassungsvergleich. Von Prof. Dr. Dres. h. c. KLAUS STERN. 20 Seiten. 2000. € 9.95

Heft 165: Ermittlung oder Herstellung von Wahrheit im Strafprozeß? Von Prof. Dr. Dr. h. c. KARL HEINZ GÖSSEL. 20 Seiten. 2000. € 9.95

Heft 166: Gibt es eine europäische Öffentlichkeit? Von Prof. Dr. Dr. h. c. PETER HÄBERLE. 34 Seiten. 2000. € 16.95

Heft 167: Die Europäisierung des verwaltungsgerichtlichen Rechtsschutzes. Von Prof. Dr. FRIEDRICH SCHOCH. 50 Seiten. 2000. € 19.95

Heft 168: Kultur und Identität in der europäischen Verwaltungsrechtsvergleichung – mit Blick auf Frankreich und Schweden. Von Prof. Dr. ERK VOLKMAR HEYEN. 32 Seiten. 2000. € 16.95

Heft 169: Funktionales Rechtsdenken am Beispiel des Gesellschaftsrechts. Von Prof. Dr. LORENZ FASTRICH. 56 Seiten. 2001. € 22.95

Heft 170: Grundrechtspositionen und Legitimationsfragen im öffentlichen Gesundheitswesen. Von Prof. Dr. Dr. h.c. EBERHARD SCHMIDT-ASSMANN. 116 Seiten. 2001. € 24.95

Heft 171: Kollektive Verantwortung im Strafrecht. Von Prof. Dr. KURT SEELMANN. 22 Seiten. 2002. € 12.95

64

www.ingramcontent.com/pod-product-compliance
Lightning Source LLC
Chambersburg PA
CBHW031814190326
41518CB00006B/339